문화관광콘텐츠와 향교·서원

문화관광콘텐츠와 향교·서원

방미영

스토리하우스

서 문

한국의 서원은 2019년 7월 6일에 유네스코 세계문화유산으로 등재되면서 향교·서원의 문화적 가치가 재인식되었다. 향교·서원은 유교문화의 전통을 계승하여 한국인의 정신문화와 생활문화에 근간을 이루는 한국문화의 유산이다. 유네스코 세계문화유산으로 등재된 서원은 도동서원, 소수서원, 도산서원, 병산서원, 옥산서원, 남계서원, 필암서원, 무성서원, 돈암서원 등 아홉 곳이다. 향교·서원은 유네스코 세계문화유산 등재를 계기로 한국의 유교문화를 경험하고 싶어하는 국민들과 한류 팬들의 관심을 받게 되었다. 따라서 향교·서원은 유교문화권의 전통과 역사적 가치를 어떻게 문화관광으로 자원화 하는가에 대한 이해와 논의가 필요한 실정이다.

향교·서원은 유교문화의 유산으로 지역문화의 독창성과 차별성을 이끌 수 있다. 향교·서원은 보존과 보호의 문화재로서 간직한 전통문화유산을 문화관광의 콘텐츠로 활용하여 현대인들에게 전통문화에 대해 재인식하고 재조명하는 기회를 확대해야 한다. 향교·서원은 현대를 살아가는 사람들에게 전통문화에 대한 향수를 가지게 하며, 전통문화를 접하고 체험하는 경험을 갖게 한다. 따라서 향교·서원은 문화유산에 대한 다양한 경험을 제공하기 때문에 전통이 남아있는 지역의 문화관광자원으로 확대되는 단초가 된다.

한국은 1995년 경상북도 경주시에 있는 석굴암과 불국사가 세계문화유산에 등재되면서 한국 문화유산의 세계문화유산 등재가 본격적으로 시작되었다. 지방자치단체들은 세계문화유산을 보유하게 되어 문화적 자긍심을 높이며 외래 관광객 유치에 많은 노력을 기울이고 있다.

2016년 6월 17일 정부 관계 부처 합동으로 개최된 문화관광산업 경쟁력 강화회의에서 국가 이미지 제고를 위한 한국만의 관광콘텐츠를 지속적으로 발굴해야 한다는 다양한 의견이 대두되었다.[1]

경제협력개발기구 관광위원회(OECD Tourism Committee)는 격년으로 발표하는 「2020 경제협력개발기구 관광 동향과 정책(OECD Tourism Trends and Policies 2020)」에서 OECD 국가의 국제관광객이 2014∼2018년 평균성장률이 5.3%이고, 2017∼2018년 성장률은 5.4%에 달한다고 발표하였다. 또한, 경제협력개발기구는 2019년 기준, 전 세계 국제관광객이 약 15억 명이며, 중장기적으로 증가하는 추세라고 한다. 이 발표에 따르면 OECD 국가의 관광이 차지하는 비중은 국내총생산(GDP)의 평균 4.4%로 나타났다. 관광산업은 경제협력개발기구의 경제성장률에서 6.9%의 고용 창출과 21.5%의 서비스 수출에 기여한 것으로 발표되었다. 이로써 관광산업은 각국의 경제성장 정책에 있어 중요한 분야로 자리매김하고 있다.[2] 그러나 한국은 OECD 평균 성장의 절반에 미치는 2.0%의 성장과 2.4%의 고용 창출 효과에 그치고 있어 관광문화산업의 새로운 전환점을 제시하여야 하는 상황에 놓여 있다.[3]

향교·서원은 한국의 전통문화 유산으로 독창적인 문화관광산업의 확대에 중요한 역할을 하고 있기 때문에 세계문화유산으로써 관광 자원으로 활용이 필요하다. 양청반은 세계문화유산으로 등재된 중국 안후이성 황산에 위치한 홍춘(宏村)이 에코뮤지엄을 통해 문화관광을 추진하고 있다고 설명한다. 홍춘의 에코뮤지엄은 정주형 생활권자들에게 스스로 세계문화유산의 가치를 인지하여 문화유산을 관광자원화 함으로써 경

1) 한국관광문화연구원, "관광정책의 종합정책화를 위한 방향", 「한국관광정책」 64 (2016): 58.
2) OECD, "OECD Tourism Trendsand Policies 2020", 「OECD」(2020): 3.
3) 한국관광문화연구원, "관광정책의 종합정책화를 위한 방향", 66.

영과 관리 유지를 위한 인력 양성과 관광산업을 통한 지역의 경제적 이득을 통해 청년들의 외부 유출을 막을 수 있다고 한다.4)

배은석에 의하면 에코뮤지엄은 역사문화형, 농촌형, 산업유산형, 자연환경형, 테마파크형 등으로 나누고 있다. 이 중 역사문화형은 지역의 전통문화를 보존하고 발견하는 문화의 형태이다.5) 유용욱은 문화유산을 통한 문화관광의 대중화는 정주권 지역민들에게 역사문화에 대한 계몽으로 전통문화에 대한 자부심과 정체성을 갖게 하며, 세계문화유산의 궁극적인 목표인 인류의 가치와 유물의 보전과 보호를 할 수 있는 기반을 마련하게 한다고 하였다.6)

그러나 향교·서원은 한국인의 정신문화를 이어오고 있는 유교문화의 공동체에 대한 가치가 핵가족화 되고, 1인가구가 늘어가고 있는 현시대와는 맞지 않은 전통문화로 치부되어 관광자원으로 확장되지 못하고 있다. 그뿐만 아니라 향교·서원이 현대인들의 생활과의 연계성 보다는 문화재로 등록되어 보존에 치중해 있어 운영을 위한 인프라와 체험콘텐츠 개발 등 문화관광을 위한 제반 여건도 부족한 상태다. 이에 한국은 유네스코 세계문화유산으로 등재된 향교·서원을 문화관광 자원으로 활용할 방안이 강구되어야 한다.

향교·서원의 문화관광 자원화에 대한 논의는 다양하게 이루어지지 않고 있다. 향교·서원에 대한 선행연구도 학문적, 철학적 바탕으로 둔 연구가 대부분으로 체험콘텐츠로 활용하기가 부족한 실정이다. 향교·서원이 문화관광과의 연계점을 찾기 시작하는 연구는 2000년대 이후부터

---

4) 양청반, "에코뮤지엄을 기반 전통마을의 지속 가능성연구" (석사학위논문 건국대학교 대학원 2017): 65-72.

5) 배은석, "지속가능한 농촌 발전을 위한 에코뮤지엄 모델 연구: 이천 율면 부래미 마을을 중심으로" (박사학위논문 한국외국어대학교 대학원, 2012), 270-271.

6) 유용욱, "상실과 회복의 알레고리: 미주지역 세계문화유산의 현황과 성격",「미술사학」33 (2017): 225-228.

본격화되었다, 그러나 향교·서원의 융합적 측면에서 볼 때 지엽적이고 부분적이다. 따라서 향교·서원이 지역의 발전과 연계하여 관광자원으로 확대하기 위하여 문화관광과 연계한 체험콘텐츠 관련 관심이 활발히 이루어져야 한다.

이 책은 향교·서원의 문화콘텐츠가 전통문화를 계승하고 다양한 체험콘텐츠로 세계문화유산으로 가치를 부여할 수 있도록 다루는데, 그 목적이 있으며, 그 목표는 다음과 같다.

첫째, 향교·서원 문화콘텐츠가 브랜드개성을 토대로 문화콘텐츠 체험에 대한 영향을 분석하고, 시대의 트렌드에 맞는 콘텐츠 개발 방안을 마련하는 데 있다.

둘째, 향교·서원이 문화재로서의 공간에서 문화콘텐츠 체험의 장으로 구현할 수 있는 공간의 확장을 위해 지역사회의 시설과 연계한 공동 활용 방안을 제시하는 데 있다.

셋째, 향교·서원의 문화콘텐츠가 향유될 수 있도록 지역의 인적자원과 연계한 운영 확대와 이를 지속가능하게 하기 위한 네트워크 구축과 체험콘텐츠 보급에 대한 방안을 제시하는 데 있다.

2024년 5월

저자 삼가 씀

차 례

1부

문화콘텐츠와
브랜드

1. 문화콘텐츠 브랜드의 개념

문화콘텐츠산업과 타 영역의 융합은 크게 제품과의 융합, 경영과의 융합, 지역과의 융합, 국가와의 융합 등 4가지 영역으로 분류 가능하다.[7] 문화콘텐츠 브랜드의 부가가치율은 지역문화 활성화를 위한 문화관광과의 적극적인 융합이 필요하다.[8]

문화는 복합체이며 지식, 신념, 예술, 도덕, 법률, 관습 그리고 사회적 구성원으로써 인간에 의해서 습득된 능력과 습관들을 의미한다. 따라서 문화는 신념, 예술적, 물질적인 제품들 그리고 사회적 제도를 포함하고 있는 문명의 독특한 형태로 구성되어 있다.[9] 문화는 상대적으로 많은 사람들에 의해서 공유가 되고 소통되는 특성을 통해 사람들의 행동, 신념, 가치관, 상징 등을 전달한다. 콘텐츠는 부호·문자·도형·색채·음성·음향·이미지 및 영상 등 이들의 복합체를 포함한 자료 또는 정보다. 따라서 문화콘텐츠는 문화적 요소가 체화된 콘텐츠다."[10]

미국마케팅협회(American Marketing Association)는 "브랜드는 제품이나 서비스를 경쟁사와 구별하기 위해 붙인 이름(name), 심벌(symbol), 디자인들의 조합"이라고 정의하였다.[11] 문화콘텐츠 브랜드

---

7) 한국콘텐츠진흥원, 「콘텐츠산업 경제적 파급효과 분석연구」(2020): 107-130.

8) 정행득·이상호, "문화콘텐츠산업이 국민경제에 미치는 경제효과 분석", 「문화산업연구」 14 (2014): 89-90.

9) Edward Burnett Tylor, 「원시문화1」, 유기쁨 역 (서울: 아카넷, 2018): 23-43.

10) 정헌일, "문화산업진흥기본법의 유인 및 규제체계 분석", 「문화정책논총」 18 (2007): 127-132.

는 부가가치율이 높은 문화콘텐츠산업의 경쟁력을 높이는 차별화 전략이다. 특히 문화콘텐츠 브랜드는 ICT(Information and Communications Technologies)의 발달로 인해 라이프 스타일에 광범위한 변화가 일어나고 있는 현대사회에서 라이프 스타일을 부각시키는 요소로 작용하고 있다. 라이프 스타일이 변화는 제품을 구입하고 사용하는데 있어 소비자 개인의 소비태도를 의미한다.12) 이로 인해 문화콘텐츠 브랜드력은 매우 중요해졌다.

국내 텔레비전 프로그램으로 인기를 모았던 tvN의 <도깨비>(2016)에서 은탁이가 문을 열고 나오면서 펼쳐진 아름다운 풍경이 있다. <도깨비>의 촬영지가 되었던 캐나다 퀘벡(Quebec)의 쁘띠 샹플랭(Petit Champlain) 거리는 빨간 대문으로 유명해진 '도깨비 문'과 크리스마스 상점인 '라 부티크 드 노엘(La Boutique de Noël)'을 중심으로 관광객들의 인기 투어코스가 되었다.

┃ 드라마 <도깨비>와 쁘띠 샹플랭 © tvN

캐나다 퀘벡의 쁘띠 샹플랭 거리는 국내 텔레비전 프로그램의 방영이 종료되었지만, 드라마 해외 촬영지가 관광코스가 되었다. 그리고

---

11) http://www.marketingpower.com (2019. 01. 02).
12) 한기창, "소비자가치 분석을 통한 명품패션브랜드의 상징적 의미", 「한국디자인문화학회지」 19(4) (2013): 728-734.

1920년대 월트 디즈니에 의해 창조된 캐릭터 미키마우스는 100년 동안의 브랜드력으로 전 세계 사람들에게 각인되어 있다. 이는 문화콘텐츠가 가지고 있는 브랜드의 상징성, 확장성, 지속성 때문으로 이 책에서는 문화콘텐츠 브랜드의 의미를 상징의 의미, 확장의 의미, 지속의 의미로 구분하여 정리하였다.

1) 상징의 의미

브랜드의 상징은 브랜드를 기억하는 이미지로 특정한 사물에 대한 정체성(identity)을 의미한다. 상징은 "어떤 생각이나 개념을 기억하게 하거나 연상시키는 구체적인 사물이나 말"로 정의된다.[13] 문화콘텐츠의 브랜드 상징은 향유층을 확충하는 중요한 요건이다. 따라서 브랜드 상징은 사물을 기억하게 하는 구체적인 이미지로 연상하게 하거나 이미지를 말로 바꾸어 사물을 인지하게 한다. 브랜드는 구매자가 구매할 상품의 서비스를 인식하게 하여 다른 경쟁 상품과 구별하게 한다.[14] 브랜드는 상품의 용어를 일컫는 네임(Name)과 브랜드의 이미지를 상징하는 심벌(Symbol), 사인(Sign) 등의 결합체다.

브랜드 네임은 브랜드의 고부가가치 자산을 형성하는 중요한 요소이며, 소비자들의 기억 속에 인지되어 있는 단어의 결합, 단어와 시각적인 이미지를 의미한다. 그리고 브랜드 네임은 인지된 이미지와의 결합 또는 기호와의 결합으로 설명하고, 연상하고, 상징하게 한다. 브랜드 심벌은 정보전달의 수단으로 사용되며 커뮤니케이션의 최적의 수단으로 전달할 수 있는 시각적 기호이다. 브랜드 상징은 커뮤니케이션을 위한

---

13) 김일태·노수아, "반딧불의 묘" 원작에 대한 애니메이션 연출의 상징성 표현 연구", 「한국콘텐츠학회논문지」 5(4) (2005): 112-113.
14) 정서란·이진호, "브랜드 이미지가 구매 태도에 미치는 영향", 「디자인학회」 (2005): 62-63.

문화콘텐츠 심벌의 작용체계가 시각적 의미 전달을 상호공유할 수 있도록 한다.

브랜드 사인은 브랜드의 가장 중요한 정체성을 담은 정보를 알리는 것이다. 디자인의 색채와 모양 등이 세련되어도 전달하려는 정보를 소비자가 알지 못하면 브랜드 사인으로 역할을 못한다. 따라서 문자나 그림문자인 픽토그램(pictogram), 기호 등 제작 요소를 표현할 경우 정보를 독해할 수 있도록 대중성과 보편성을 담아야 한다. 브랜드 사인은 세계적으로 통용되는 사인물일 때 대표성을 가질 수 있다.15) 브랜드의 네임과 심벌 및 사인은 상호간의 소통을 통해 공감대를 확보하는 상징체계이다. 브랜드는 시장에서 구매를 위해 효과적으로 작용하는 기호로 브랜드의 상징체계가 공급자와 소비자 간의 상호 커뮤니케이션을 위해 최적화되어야 한다.16)

커뮤니케이션의 상징체계는 문화적 작용을 시각화하여 정보를 이끌어내야 하는 문화콘텐츠 브랜드의 구체적인 의미작용이다. 이 상징체계를 위해 브랜드를 구성하는 중요한 상징 요소인 이미지는 디자인의 정체성을 구축하여, 브랜드의 인지도를 높여야 한다. 소비자 및 향유자들은 차별화 브랜드에 대한 인식을 통해 브랜드 확장과 브랜드 지속에 끊임없이 참여하고 체험하는 소비군단으로 커뮤니티를 구축한다.

문화콘텐츠의 브랜드는 문화적 상황에 대한 의미를 생성하기 위한 이미지의 유기적 작용이다. 따라서 문화콘텐츠의 브랜드는 문화적 이미지 구축과 함께 커뮤니케이션을 위한 감성의 이미지 구축을 동시에 부여하며, 이로서 소비자가 공감하는 문화적 가치를 제고하는 데 영향을 준다.

---

15) 오수민·김복경, "도시브랜드 이미지 구축을 위한 공공사인 디자인 연구: 남포동 일대를 중심으로", 「한국콘텐츠학회 종합학술대회 논문집」(2015): 95-96.

16) 김수진, "통합적 마케팅 커뮤니케이션을 통한 브랜딩의 기호학적 분석", 「기초조형학연구」 13(6) (2012): 72-74.

2) 확장의 의미

브랜드의 확장은 소비자가 인지하고 있는 브랜드에 대한 사용의 범위를 넓힌다. 브랜드 확장에 있어 가장 많이 거론되는 것은 OSMU (One Source Multi Use)와 트랜스미디어(Trans Media)가 대표적이다. OSMU는 원래의 소스가 콘텐츠의 확장성과 함께 문화기술로의 확장으로 다양한 영역으로 확장되는 것을 의미한다. 포켓몬스터 (Pokémon)는 OSMU를 거론할 때 대표적인 사례다. 닌텐도사에서 만든 게임 시리즈의 OSMU는 요괴 스토리가 애니메이션, 게임, 캐릭터 산업으로 확장한 대표적인 사례로 문화콘텐츠의 확장성을 가장 잘 나타내고 있다. 트랜스미디어는 컨버전스 혹은 융합미디어의 의미를 담고 있다.

▌ 핸리 젠킨스와 『컨버전스 컬쳐』 © https://www.amazon.com/

트랜스미디어는 핸리 젠킨스(Henry Jenkins)가 개념화 했는데, 상호텍스의 융합은 트랜스미디어 스토리텔링으로 확장하고 있다. 즉 하나의 스토리가 영화로 소개되고, 텔레비전, 소설, 그리고 만화로 확장된

다. 영화 <스타워즈>, <매트리스> 시리즈가 대표적이다.17)

브랜드 확장은 문화 소비자의 관점에서 접목되어야 대중들의 관심을 이끌어낼 수 있다. 특히 빠르게 발전하고 있는 산업구조의 특징인 빅데이터 기반의 사물인터넷과 인공지능 등의 발전은 문화와 기술의 융합을 기반으로 문화콘텐츠 브랜드의 확장에 질적, 양적 변화를 이루고 있다.

문화와 기술의 융합은 가상현실의 문화콘텐츠를 통해 브랜드 사용자의 소비 행태의 변화를 가져오고 있다. 특히 5G의 스트리밍 시대가 열리면서 디지털 환경의 변화는 문화콘텐츠 제작에도 많은 영향을 끼치고 있다.18) 따라서 문화콘텐츠 브랜드 확장은 소비 주체의 변화에 따라 트렌드 변화를 반영해야 한다. 문화콘텐츠 브랜드 확장은 텍스트에 대한 영역보다 영상 영역의 확장에 비중을 두었다.19) 영상콘텐츠는 전 세계의 연결망인 플랫폼을 통해 누구나 쉽게 제작하고 검색하면서 브랜드를 확장하고 있다.

영상을 소통하는 플랫폼들은 공급자와 소비자를 연결하는 유통 창구로 브랜드의 정보와 소비자 트렌드를 확인하고 확장할 수 있는 네트워크로 문화와 기술의 융합적 산물이다. 특히 브랜드 확장은 플랫폼에서 공급자와 소비자 간의 관계망을 통한 수익의 지표로도 활용된다. <내 손안의 궁> 이나 <스마트투어 가이드>, <서울 한양도성> 등은 정부 부처에서 개발한 애플리케이션으로 위치 기반 기술을 이용한 증강현실로 실시간의 체험을 통해 상호작용하는 브랜드로 자리매김하였다.20)

---

17) 이건웅·최승호, 「트랜스미디어 시대의 문화산업과 문화상품」(경기도: 북코리아, 2020), 51.

18) 조우찬, "문화예술 콘텐츠로써 동학농민혁명의 확장성과 스토리텔링의 활용", 「문화콘텐츠연구」 17 (2019): 9-11.

19) 최정은·김면, "디지털시대의 문화예술콘텐츠 플랫폼에 관한 연구: 구글 아트앤컬처를 중심으로", 「기초조형학연구」 20(3) (2019): 438-440.

20) 장예빛·이윤진·오규환·석혜정, "역사유적지의 관광객을 위한 스토리기반 스마트 콘텐츠 연구: 수원 화성 건립을 중심으로", 「한국영상학회논문집」 14(4) (2016):

문화와 기술의 융합으로 문화콘텐츠의 브랜드 확장은 다양한 서비스로 소비자들의 실생활에 적용되고 있다. 체험이 가능한 증강현실(Augmented Reality, AR)은 그동안 경험하지 못한 영역에 대해서도 브랜드를 확장할 수 있는 파워가 마련되고 있어 기대치가 높다.[21] 문화콘텐츠 브랜드는 스마트 기기를 둘러싼 환경에서 소비행태의 변화와 함께 상호 작용을 통해 확장되고 있다. 특히 스마트폰의 기술의 발전은 문화콘텐츠 브랜드 가치에도 많은 변화를 주고 있다. 브랜드 가치는 오프라인으로 치중해 있던 기존의 콘텐츠들과는 달리 확장과 융합에 의한 온라인 콘텐츠들이 유저들의 주목을 받고 있다. 브랜드 확장은 앞으로 소비의 주요 세대가 될 밀레니얼 세대(Millenial Generation)들에게 온라인으로 한층 가속될 것이다.

3) 지속의 의미

문화콘텐츠 브랜드의 지속은 문화를 향유하는 향유층의 문제인식, 정보탐색, 평가, 구매, 구매 후 의사 결정 과정까지 연계된다. 문화콘텐츠 브랜드의 지속은 결국 소비 행태에서 오는 향유자들의 정보와 학습, 태도 등 복합적인 작용으로 결정된다. 이를 위해서는 끊임없이 변화하는 문화적 환경 속에서 롱런 브랜드의 유지 성공을 위한 포지셔닝을 명확히 할 필요가 있다. 강력한 문화콘텐츠 브랜드는 명확한 포지셔닝을 통해 높은 브랜드 충성도를 창출한다. 따라서 브랜드 충성도는 지속적으로 다양한 문화콘텐츠 브랜드를 지속적으로 생성된다.[22]

46-47.

21) 이창욱, "스마트 미디어 기반의 증강현실 어플리케이션 확장성 연구", 「한국디자인문화학회지」 18(4) (2012): 490-495.

22) 이준승, "헬스어 섬유디자인제품의 소비자 구매행동에 한 연구", (박사학위논문, 한양대학교 대학원, 2010), 30-31.

문화콘텐츠 브랜드는 사용시간이 오래될수록 소비자에게 높은 인지도를 쌓는다. 덴마크 오덴세(Odense)의 안데르센마을은 대표적인 사례이다. <성냥팔이 소녀>, <인어 공주>, <미운 아기오리>, <벌거벗은 임금님> 등 전 세계 사람들은 제목만 들어도 바로 안데르센의 이름을 떠올리게 된다. 1805년 탄생해서 1875년 타계한 안데르센은 70년의 생을 살다 갔지만, 그가 남긴 콘텐츠는 사후 145년 동안 다양한 문화콘텐츠로 지속적인 사랑을 받고 있다. 특히 덴마크 오덴세는 안데르센이 어렸을 때 만든 종이접기를 가로등에 접목하여 문화콘텐츠의 지속성을 유지하고 있다. 브랜드의 진정성은 소비자가 브랜드를 애착하고, 몰입하여 브랜드와의 관계를 유지하고자 하는 열망이 커질 수 있도록 소구되어 브랜드에 대한 충성과 지속성이 확보된다.23)

문화콘텐츠 소비자들이 롱런 브랜드에서 느끼는 브랜드 충성도의 지속적인 제고를 위해서는 우수한 상품의 개발과 개선도 요구하겠지만 소비자의 다양한 욕구를 충족시키는 것이 중요하다. 문화콘텐츠는 변화하는 메가트랜드에 맞춰 새로운 고객과 새로운 시장에서 진화하고 있다. 브랜드의 체계화는 다른 문화콘텐츠 브랜드와 차별화 요소를 갖추어 브랜드에 관한 모든 정보를 전달하기 위한 융합브랜딩 전략이 필요하다.

문화콘텐츠의 롱런 제품은 소비자의 가치와 관계되는 정통성과 신뢰성을 확산시키는 문화마케팅 전략을 구축하여 문화콘텐츠 브랜드의 지속화를 유지하여야 한다. 문화콘텐츠는 소비자 가치변화에 의한 감성 욕구는 이성보다는 감성을 우선으로, 동질 지향에서 이질 지향으로, 자기표현으로 소비의 형태가 변화하는 것으로, 오감 자극과 만족이 동시에 이루어져야 한다.24)

---

23) 김유정, "브랜드 진정성이 브랜드 유형에 따라 브랜드 충성과 지속성에 미치는 영향", (박사학위논문, 성신여자대학교 대학원, 2016), 22-33.

24) 김동혁, "브랜드 충성도의 지속인 브랜드 제고를 한 롱런 브랜딩 전략", (박사학위논문, 대구대학교 대학원, 2015), 17-25.

문화콘텐츠 소비자들은 브랜드 구매 형태가 다양해지면서 브랜드의 지속성도 다변화된 소비 구매 행태를 이루고 있다. 공간과 시간의 개념에서 벗어난 소비자의 구매 형태는 브랜드의 지속적 소비를 위해 브랜드의 정통적 가치와 함께 소비자가 신뢰하는 브랜드 가치로 변화되고 있다.

▎안데르센과 오덴세 ⓒ https://www.google.co.kr/

따라서 브랜드의 지속성은 다양해진 소비자의 브랜드 구매를 충족시키는 전략이 요구된다. 융합 문화콘텐츠의 브랜드 지속 전략은 브랜드 신뢰를 위한 마케팅 활동에 소비자가 직접 참여하도록 연결되어야 한다.

2. 문화콘텐츠 브랜드의 역할

문화콘텐츠 브랜드는 모바일이 일상화된 현대인들에게 브랜드의 희소성과 독창성으로 각인되는 문화의 결정체다. 브랜드는 유럽의 낙인찍기의 습성에서 시작하여 서부개척 당시 미국으로 건너가 마케팅 용어로 발전하였고, 산업이 발전하면서 생산자와 소비자 즉, 공급자와 수요자 간의 시스템으로 정착되었다. 문화콘텐츠 브랜드는 향유자와 향유자 간의 끈끈한 연결고

소프트파워는 무력을 사용하지 않고 사람들을 내편으로 만드는 능력이다. 정당성은 소프트파워의 핵심이다.; 국제전략문제연구소(CSIS) 스마트파워위원회, 「스마트파워」, 홍순식 역 (서울: 삼인, 2009), 38. 조지프 S. 나이 (Joseph S. Nye. Jr.) 교수는 국가 간 관계에서 정치적 가치와 제도, 도덕적 권위를 지닌 정책 등의 무형의 자산으로 상대 국가를 설득하거나 따르게 하는 힘을 '소프트파워'라고 하였다. 이와 대비하여 군사력이나 경제력으로 위협하여 상대국가를 변화시키는 힘을 '하드파워'라고 하였다.; 박치완 외, 「문화콘텐츠 입문사전」, (서울: 꿈꿀권리, 2013), 78.

리를 형성한다. 브랜드가 가지고 있는 명성, 가치는 향유자들 사이의 상호작용에 의해 확산되는데 그 중심에는 신뢰라는 브랜드 역할이 있다.[25]

한국은 2024년 전 세계 국가 소프트파워 순위에서 세계 15위를 차지했다. 2019년 19위에서 4단계 껑충 뛰어 올랐다. 1위는 미국, 2위는 영국, 3위는 중국, 4위는 일본, 5위는 독일 순이었고 우리나라는 러시아, 노르웨이에 이어 15위를 차지해했다.[26] 소프트파워 지표는 문화

---

25) 박보람, "브랜드의 구성 요소와 정의에 관한 고찰", 「한국디자인학회 학술발표대회 논문집」 1 (2016): 18-19.

분야 이외에 정부, 디지털, 기업/산업, 거버넌스(governance), 교육 분야 그리고 외래 관광객 수, 영화제 출품 수, 유네스코 문화유산 수, FIFA 축구 랭킹, 음악시장 규모 등에서 산출된다. 소프트파워는 한국 사회에 문화가 가지고 있는 영향력을 나타낸다. 이외에도 예술과 엔터테인먼트 분야에서는 8위에 올랐다.

그러나 GDP 대비 정부의 문화비 지출 규모는 2017년 기준 OECD 평균인 1.14%보다 0.39%가 낮은 0.75%로 OECD 회원국 30개국 중 24위를 차지하였다.[27] 한국은 소프트파워의 영향력은 높으나, 소프트파워의 브랜드력을 위한 지원은 부족한 상태다.

한국은 2010년 유네스코가 문화 표현과 다양성의 보호와 증진에 관한 협약을 비준한 110번째 국가가 되었다.[28] 문화의 표현과 다양성 보호 및 증진은 브랜드 역할에 많은 변화를 의미한다. 다문화 사회로 사회 구성원들의 민족, 국적, 언어, 종교 등의 다양성은 문화적 표현과 예술 창작, 제작, 보급, 유통에도 다양한 가치와 철학으로 표현된다. 문화콘텐츠 브랜드는 문화와 문화 간의 소통을 위한 매개 역할을 한다. 그러나 브랜드는 반대로 문화와 문화 간 갈등과 소외를 일으키는 차별적 요소로도 작용한다. 이 책에서는 문화콘텐츠 브랜드가 문화와 문화 간의 소프트파워를 향상시키고 문화 표현의 다양성을 증진할 수 있는 역할을 조절역할, 매개역할, 신뢰 역할로 구분하여 정리하였다.

---

26) https://www.koreaittimes.com/news/articleView.html?idxno=129397, IT Time, 2024.03,04.

27) 조현성, "포용 사화를 위한 일상의 문화정책", 「문화·체육·관광·문화재 분야 정책 성과와 과제: 일상에서 만나는 문화」(2019): 13-15.

28) Kim, Myun, "Republic of Korea Report 2018: Second Quadrennial Periodic Report," A colloquium on the Convention on the Diversity of UNESCO's Cultural Expressions :Re-Shaping Cultural Diversity Policies (2018): 13-23.

1) 조절역할

문화콘텐츠 제품이나 서비스의 구매는 일반적으로 브랜드의 이미지, 인지도 및 충성도에 의해서 브랜드를 결정하게 된다. 소프트파워는 문화 소비자들에 의해 형성되는 문화콘텐츠를 재구매함으로써 이뤄지는데 재구매 행동은 브랜드의 조절효과에 의해 영향을 받는다. 문화의 불확실성을 줄이기 위해서는 불확실성에 대한 대처 능력을 향상시켜야 한다. 이를 위해 문화적 차이에 대한 개방적인 태도와 문화의 변화에 대한 위험을 수용하는 융통성이 필요하다.29) 따라서 소프트파워는 조절역할을 통해 문화콘텐츠 브랜드의 인지도를 자각하게 된다.

왕남·유승동은 한국음악과 한국 드라마는 한국을 방문한 중국 관광객의 지각된 위험과 참여 의도 사이에서 조절 작용을 한다고 설명한다.30) 이타문화의 문화적 특성에 대한 자각은 문화콘텐츠가 소비자들의 욕구를 충족하는 조절역할을 하게 된다. 이타문화를 이해하고 이타문화에 대한 이질감을 해소시키는 역할은 한류를 통해 확인할 수 있다. 이타문화를 이해로 획득하는 문화지능은 공감과 상호작용의 결과다. 특히, 문화를 판매하는 사람과 문화를 구매하는 사람과의 상호작용은 이타문화를 상호 이해라면서 공감을 통한 문화지능을 높일 수 있다.31) 문화콘텐츠 브랜드는 문화적 공감으로 브랜드를 결정하게 된다. 따라서 브랜드는 구매자와 소비자 간의 다양한 문화적 특성을 인지하고 공감하

29) 임병학·임병진, "문화 간 역량에 대한 문화 지향성의 조절효과 분석: 미국에서 히스패닉 문화를 중심으로", 「무역연구」 10(2) (2014): 404-409.

30) 왕남·유승동, "관광목적지에 대한 지각된 위험이 관광객의 참여의도에 미치는 영향: 한류문화콘텐츠 이미지의 조절효과", 「한국호텔외식경영학회 학술발표논문집」(2015): 804-807.

31) 공란란·김형일·김윤정, "문화간 판매접점에서 판매원 문화지능의 조절효과", 「유통과학연구」 15(12) (2017): 91-92.

게 하는 조절 역할이 무엇보다 중요하다. 그리고 문화콘텐츠 브랜드는 문화 수요자의 공감능력에 의해 확대되고 유지된다. 따라서 문화 수요자들의 공감 능력을 부여하는 다양한 조절역할이 필요하다.

문화콘텐츠 브랜드는 조절역할을 통해 브랜드 인지도와 브랜드 자산을 상승시킬 수 있다. 지역문화 콘텐츠는 그 지역이 가지고 있는 정체성과 콘텐츠의 이미지가 조절되었을 때 문화 수용이 빠르게 일어나며 구매 행동으로 이어진다. 김형남은 문화콘텐츠를 통한 지역에서의 다양한 대회는 개최 지역의 이미지가 대회의 인지도를 조절하는 효과가 있다고 한다. 개최지역의 인지도와 대회의 인지도 간의 조절 효과는 선수 이외 집단의 자연적 요소와 문화적 요소로 이루어진다. 지역의 인지도가 선수집단보다 높게 나타나는 것은 선수들은 이타문화 보다 대회 자체에 집중하기 때문에 이타문화에 대한 공감을 인지하기 어렵기 때문이다. 관중은 대회의 공간을 대회가 진행되는 공간 이외에 지역의 문화 공간이나 문화유적지 등도 대회와 연계하여 공감한다. 비선수권인 대중들이 느끼는 지역의 문화적 공감의 긍정적 이미지는 결국 대회의 인지도에 긍정적인 이미지를 형성하여 성공적인 대회 개최와 개최지에 대한 이미지를 각인하게 한다. 따라서 대회가 개최되는 지역의 이미지 인지도는 문화콘텐츠를 체험하고 경험한 공감을 통해 조절되어 브랜드력이 형성된다.[32)]

문화콘텐츠의 브랜드 인지도는 문화의 유사성이 높을수록 상호작용에 의한 편안함으로 문화를 더욱 공감하게 된다. 따라서 이타문화에 대한 이질감을 극복하기 위해서는 문화체험으로 이질감을 해소할 수 있다. 문화의 이질감은 문화콘텐츠의 브랜드 형성의 저해요인이다. 특히

---

32) 김형남, "트라이애슬론대회 개최지역인지도, 대회인지도 및 지역이미지의 관계: 참가자 구분의 조절효과를 중심으로", (박사학위논문, 한국체육대학교 대학원, 2015), 101-110.

경험해 보지 않은 이타문화에 대한 이질감은 문화콘텐츠에 대한 이해도를 높일 수 없기에 브랜드 형성을 구축하지 못한다.

문화의 유사성은 문화콘텐츠 경험을 조절매개로 이타문화에 대한 친밀감과 편안함의 상호작용을 통해 형성된다.[33] 따라서 문화콘텐츠 브랜드 조절역할은 이타문화를 경험함으로써 획득하는 상호작용을 통해 자연스럽게 심리적 거리를 좁히면서 공감을 확대시킨다. 문화콘텐츠 브랜드는 문화적 공감을 통해 이타문화에 대한 유연성을 배양하게 된다.

지역의 다양한 문화콘텐츠는 지역의 브랜드 인지도 제고를 위해 브랜드로 소비자의 유입 및 구매를 어떻게 이끌 것인가에 있어 어떤 조절효과가 소비자들에게 각인되는지에 대한 점검이 필요하다. 지역에서 개최되는 다양한 대회는 문화 공감과 문화의 심리적 거리를 유연하기 위해 그 지역의 문화콘텐츠 브랜드와 개최되는 대회 간의 이미지 조절이 필요하다.

2) 매개역할

현대인들은 자신이 소비하고 소유하는 물건을 통하여 자신을 나타내고자 한다. 따라서 이들은 자신의 이미지를 대표할 수 있는 제품의 구매 및 소비 등 브랜드 동일시(Brand Congruency)를 통하여 자신의 이미지의 일관성을 가진다. 이러한 현상은 공공장소에서 더욱 큰 영향을 미친다. 브랜드 동일시는 브랜드개성과 만족도 및 충성도에 매개역할을 한다. 브랜드 동일시는 증가할수록 브랜드의 만족도 및 충성도에 직접적인 영향을 준다.[34] 브랜드의 감각체험과 감성체험은 브랜드에

---

33) 김동현·김영현, "서비스 인카운터에서 심리적 거리가 상호작용 편안함과 대인신뢰에 미치는 영향: 문화 간 역량의 조절효과를 중심으로", Tourism Research 42(1) (2017) : 36-37.

34) 김상희·김민화·박재민, "브랜드 동일시의 매개효과를 중심으로 한 커피전문점 브

직접적인 영향을 주지 않지만 브랜드 이미지에 매개역할을 하며 브랜드 태도에 영향을 미친다.35)

문화콘텐츠는 브랜드에 대한 지적체험이 브랜드태도에 부정적인 영향을 주어도 브랜드에 대한 이미지를 통하여 브랜드 감정과 브랜드 충성도에 긍정적인 역할을 한다. 따라서 문화콘텐츠 브랜드개성은 브랜드 동일시에 유의한 영향을 준다. 이는 문화콘텐츠 브랜드개성의 전문적 요인들이 브랜드 동일시에 매개역할을 하고 있음을 의미한다. 문화콘텐츠 브랜드는 품질보증, 선호도, 호감도, 신념 및 자부심 등의 변수로 구매의도에 직접적인 영향을 주기보다는 소비자 태도에 매개역할을 한다. 문화콘텐츠 브랜드는 연상이미지와 지각된 품질이 구매의도에 직접적인 영향을 주고 소비자 태도를 유도한다.

브랜드 구매는 다양한 제품에 대한 정확한 정보를 매개로 이루어진다. 소비자들의 기억에 인지된 이미지는 브랜드 구매를 위한 연상으로 매개적 역할을 한다. 소비자들은 편의성과 안전성 등 구매에 부정적인 요인을 최소화 시킨 제품에 대해 구매를 한다.36) 따라서 문화콘텐츠 브랜드 파워를 위해서는 향유자, 소비자들에게 인지되어 있는 부정적 요소를 제거하여 전달할 때 브랜드 태도에 긍정적 영향을 주며, 이미지에 대한 공감을 확대시켜 나간다.

문화콘텐츠 브랜드를 위한 마케팅은 정체성과 이미지를 매개로 하여 소비자들에게 확고한 브랜드 인식을 심어줘야 한다. 즉, 문화콘텐츠 브랜드가 가지고 있는 가치와 그 가치를 인식시킬 수 있는 비주얼은 소비

랜드개성이 만족과 충성도에 미치는 영향", 「관광학연구」 35(3) (2011): 59-61.

35) 심현숙, "브랜드 체험이 브랜드 충성도에 미치는 영향: 브랜드 자산의 매개 역할 및 관여도의 조절효과를 중심으로", (박사학위논문, 한양대학교 대학원, 2012), 815-821.

36) 하재만, "HMR 선택속성이 구매의도에 미치는 영향: 브랜드 신뢰의 매개역할을 중심으로", 「한국조리학회지」 25(10) (2019): 200-202.

자와의 커뮤니케이션에 있어 매개역할을 한다. 소비자는 문화콘텐츠 브랜드에 어떤 가치가 있는지에 대한 접근을 통해 소비자가 가지고 있는 라이프 스타일에 반영하고 해석한다.37) 문화콘텐츠는 마케팅에 있어 소비자들에게 문화적 가치와 이미지를 각인시키는 매개역할로 구매를 촉진시킨다.

캐나다를 대표하는 루시 모드 몽고메리(Lucy Maud Montgomery) 작가의 『빨간머리 앤』으로 유명한 캐나다 프린스 에드워드 아일랜드(Prince Edward Island)는 한 편의 소설이 매개가 되어 그 지역이 세계적 관광지가 된 대표적 사례이다. 프린스 에드워드는 캐나다 중서부 해안가에 위치해 있는 도시로 『빨간머리 앤』과 관련된 문화콘텐츠를 관광 패키지로 묶은 투어코스로 전 세계인을 사로잡고 있다. 『빨간머리 앤』의 모든 것을 직접 경험하는 체험 프로그램은 감성적 공감대로 브랜드를 확장하고 있다. 『빨간머리 앤』의 의상과 가발 그리고 앤이 입었던 의복을 관광객들이 직접 입고 사진을 찍을 수 있다. 이렇게 마련된 포토 존은 마치 이야기 속 주인공이 되는 특별한 경험을 통해 방문객들에게 브랜드를 지속적으로 기억하게 하는 감각체험이다. 앤의 보호자인 메튜 아저씨가 쓰던 19세기 마구간은 아직도 주인공 앤이 살고 있을 것 같은 초록 지붕인 그린 게이블스와 함께 한 편의 소설과 애니메이션 속으로 그대로 빨려 들어가게 한다.

문화콘텐츠 브랜드 매개체는 소비자들에게 브랜드를 각인시키는 확고한 정체성이 내재되어야 한다. 문화콘텐츠 브랜드에 내재되어 있는 정체성은 소비자가 직접 체험하고 경험하여 확립된 정체성으로 문화 수용자들의 커뮤니케이션을 매개로 확산될 때 문화콘텐츠 브랜드의 지속

---

37) 박강희, "문화마케팅의 구성차원이 러브마크와 브랜드 애호도, 전환의도에 미치는 영향에 관한 연구: 기업아이덴티티와 기업이미지의 매개효과", (박사학위논문, 강원대학교 대학원 2013), 100-105.

성이 유지된다. 문화콘텐츠는 단순히 관람하여 기억되는 콘텐츠보다 감각적 체험과 감성적 체험을 할 때 이타문화를 이해하고 재구매에 영향력을 미친다. 소비자들의 문화콘텐츠 재구매는 문화콘텐츠 브랜드 자산을 형성하여 다른 소비자들의 구매의도에 긍정적인 영향을 준다. 따라서 문화콘텐츠 브랜드 매개는 문화콘텐츠 브랜드 자산을 위한 소비자 태도에 영향을 준다. 긍정적인 소비자 태도를 형성하기 위해서는 문화콘텐츠 브랜드를 위한 지속적인 매개체를 구축하고 매개체의 아이덴티티와 가치를 수립하고 유지하기 위한 전략이 필요하다.

3) 신뢰역할

브랜드 신뢰는 신뢰에 대한 심리적 기능이 작용한다. 브랜드 신뢰는 소비자들이 브랜드를 소비하게 하는 동기부여 요소이며, 편안함과 만족감을 주는 요인이다. 그러나 브랜드 신뢰를 쌓는 것은 매우 어려우며 신뢰를 잃는 것은 한순간이다. 소비자의 브랜드 신뢰에 대한 경험은 질적인 요소로, 제품의 AS나 서비스가 우수할 때, 품질 면에서 다른 제품에 비해 우수할 때 획득된다.[38]

문화콘텐츠 브랜드는 서비스와 제품관리, 브랜드의 이미지와 구매·사용경험에 근거하여 특정한 브랜드에서 신뢰의 역할을 한다. 브랜드 신뢰 역할은 광고나 인지도 등 사회적 영향 및 전문적인 기술력 등의 요소에 의해 높일 수 있다. 현대는 한층 더 예측 불가능한 사회로 질주하고 있다. 따라서 문화콘텐츠는 기업과 소비자 모두 다양하며 세분화된 제품과 서비스를 요구한다. 융복합적이며, 다기능적인 현대사회에서 브랜드에 대한 신뢰 역할은 매우 중요하다.

---

38) 김기범·차영란·허성호, "브랜드 신뢰 경험의 구성 요소와 브랜드 신뢰 및 브랜드 태도의 관계 분석", 「광고학연구」 17(3) (2006): 108-111.

무함마드(Muhammad) 등에 의하면 브랜드 신뢰성은 브랜드에 대한 문헌의 출처의 신뢰성에서부터 시작된다. 브랜드 신뢰도는 브랜드 제품 정보의 특성에 대한 믿음을 의미한다. 믿음은 신뢰할 수 있는 정보 출처 또는 정직한 정보 출처로 간주되는 기업의 범위로 태도와 연관이 있다. 브랜드 신뢰는 소비자가 브랜드를 신뢰할 수 있는 정보원(믿음)으로 인식하고, 스킬(전문성)을 가지며, 성격특성(매력)과 일치해야 한다. 전문성은 어느 실체가 좋은 지식과 기술을 가지는 것으로 역량과 관련된다.39) 문화콘텐츠 브랜드는 신뢰를 바탕으로 특성과 연결되어 있다. 문화콘텐츠 브랜드 신뢰도는 구매의도에 대하여 소비자 의사 결정의 감정·이유가 긍정적으로 작용된다.

신뢰는 문화콘텐츠 브랜드의 충성도 구축을 위해 매우 중요하다. 문화콘텐츠 소비자는 브랜드의 운영능력, 호의, 문제해결능력에 대해 신뢰를 하게 됨으로써 충성도에 영향을 미친다. 신뢰는 문화다양성에 있어서도 문화와 문화 간의 관계마케팅에 있어서도 중요하게 작용한다. 문화 소비자는 브랜드 신뢰에 대해 만족 혹은 기대로 확산시킨다.40) 문화콘텐츠 브랜드의 신뢰는 긴밀한 관계의 구축과정에 핵심적인 요소로 교환과정에서 확신을 줄 수 있다. 브랜드 신뢰역할은 문화콘텐츠에 대한 믿음과 정직에 대한 확신이 포함한다. 문화콘텐츠 브랜드는 문화콘텐츠산업에서 문화소비자들과 지속적인 관계강화를 중시해야 한다. 이를 위해 장기적이며 지속적인 관계를 강화하기 위한 전략적 접근이 필요하며 문화콘텐츠 브랜드의 신뢰가 선행되어야 한다.

---

39) Sheeraz, Muhammad Abdullah, Nadeem Iqbal, and Naveed Ahmed, "Impact of Brand Credibility and Consumer Values on Consumer Purchase Intentions in Pakistan," *International Journal of Academic Research in Business and Social Sciences* 2(8) (2012): 1-10.

40) 김수정, "환대기업의 관계마케팅에서 신뢰가 충성도에 미치는 영향: 가치의 매개역할을 중심으로", (박사학위논문, 계명대학교 대학원, 2004) 15-19.

브랜드의 상호 작용성은 브랜드의 신뢰성과 유의적 관계를 갖는다. 특히 브랜드의 신뢰성을 중심으로 행동하는 여행자들은 브랜드의 다양한 서비스를 중심으로 수용행동을 나타내며, 브랜드의 신뢰가 무엇보다 중요한 역할을 한다.41) 브랜드 상호작용은 브랜드 수용자들이 브랜드 신뢰에 대한 반응을 통해 브랜드에 흥미를 더하면서 브랜드 형성과 브랜드 파워를 구축한다. 브랜드 신뢰는 기존에 소비자들의 기억 속에 인지된 이미지나 연상으로부터 시작될 수 있으며, 구매의도 향상과 구매 후에도 재구매 또는 충성도로 이어질 수 있다. 브랜드의 신뢰를 수립하기 위해서는 문화지원을 위한 집중 투자가 필요하다.42) 브랜드 신뢰와 몰입은 브랜드 연상과 브랜드 자각에 대한 소비자 가치가 변수다.43)

브랜드 신뢰는 브랜드의 정보 특성과 서비스, 제품 관리 등에 대한 사용자 경험에 근거하고 있다. 브랜드 이미지와 브랜드 가치는 소비자가 브랜드에 대해 갖고 있는 이념으로 이들이 어떤 상호작용을 하느냐에 따라 브랜드 신뢰 포지셔닝이 달라지기 때문에 소비자들의 사용 경험을 위해 문화적 지원과 판촉 등을 통해 문화적 이질감과 배타적 감성을 제거하는 것이 필요하다. 문화지원과 문화 판촉은 타 브랜드와의 차별성을 인지하게 하여 브랜드 신뢰를 높일 수 있다. 또한, 지속적인 구매 의도는 구전 효과와 브랜드의 신뢰를 계속 확대 유지하는 기반이 된다.

41) 이해영. "여행 옴니채널 커머스 구현을 위한 모바일 상호작용성과 브랜드 신뢰의 역할", 「관광레저연구」 29(5) (2017): 86-96.

42) 김일호·김동준, "관광외식업체의 문화마케팅활동, 브랜드신뢰, 브랜드충성도 간의 구조관계 연구", 「한국엔터테인먼트산업 학회논문지」 6(4) (2012): 278-279.

43) 윤성욱·윤동일, "브랜드의 기능적 이미지와 상징적 이미지의 역할", 「한국산학기술학회 논문지」 16(3) (2015): 1750-1751.

3. 문화콘텐츠 브랜드개성

브랜드개성(brand personality)은 브랜드 이미지 또는 정체성을 구성하는 여러 차원 중 하나다. 소비자들은 브랜드의 정체성을 파악하기 위해 브랜드를 의인화함으로써 브랜드와 사람들 사이에 브랜드 라벨을 인식하게 된다. 이를 통해 소비자들은 브랜드개성을 각인시켜 재구매에 대한 욕구를 일으킨다.[44] 최근 소셜미디어의 발달로 문화콘텐츠 브랜드개성은 광범위한 커뮤니케이션을 통해 조작할 수 있는 한계점이 있다. 그러나 브랜드개성은 브랜드를 평가하는데 영향을 미치기에 브랜드 정체성에 대한 올바른 인식이 더욱 요구된다.

데이비드 아커(David A. Aaker)는 브랜드개성을 브랜드와 연계된 인간적 특성이라고 정의하고, 브랜드개성 평가 척도(BPS)를 신뢰도, 흥미유발, 능력, 세련됨, 강인함으로 나누었다. 브랜드개성에 대해 고객들이 특정 브랜드에 귀속시키는 인간적인 특징이나 특성들의 집합은 브랜드 포지셔닝을 위한 유용한 수단으로서 전략적 가치를 평가하였다.[45] 제니퍼 아커(Aaker. J. L.)는 브랜드에 대해 고객을 대상으로 상품의 기능적인 속성과 더불어 감정적 혜택까지 부여해야 한다는 점을 강조하였다.[46]

---

44) Plummer, J. T., "How Personality makes a Difference,"*Journal of Advertising Research* 24(6) (1985): 27-31.

45) Aaker, David A. 「데이비드 아커의 브랜드 경영」, 이상민 역, (서울: 비즈니스북스, 2003), 206-257.

46) Aaker, J. L. "Dimension of brand personality," *Journal of Marketing*

소비자들은 브랜드가 내포하고 있는 특징을 경험하게 되며 문화콘텐츠 브랜드개성의 매력을 계속 쫓게 된다. 방탄소년단(BTS)은 브랜드개성의 매력을 계속 추종하는 아미(Army, 방탄소년단 팬클럽)를 통해 전 세계 팬덤(fandom)을 확보하고 있다. 방탄소년단의 아미는 방탄소년단 못지않은 문화현상으로 주목받고 있다. 방탄소년단의 아미는 K-Pop의 변곡점으로 작용하여 한류문화의 새로운 경지를 열었다. 이와 같이 문화콘텐츠 브랜드개성은 무한경쟁의 시대에 경쟁우위를 점하게 한다.

유교문화 자원을 보유한 도시는 문화관광을 통한 브랜드개성을 구축하기 위해 그 도시에서만 향유할 수 있는 전통문화의 가치를 증대시키면서 브랜드개성을 재해석하고 있다. 유네스코 세계문화유산에 등재된 도산서원과 병산서원 두 곳이 위치한 경북 안동시는 '한국정신문화의 수도 안동'이라는 슬로건(Slogan)을 내걸고 유교문화자원을 도시의 브랜드개성으로 활용하고 있다.47) 경북 북부지역의 유교문화권 9개(안동시, 영주시, 상주시, 문경시, 의성군, 청송군, 영양군, 예천군, 봉화군) 자치단체도 <세계유교문화재단>을 출범하여 공동 브랜드개성 제고를 통한 광역 관광 기반을 조성하고 있다.48)

문화콘텐츠 브랜드개성은 문화 소비자들에게 강력한 브랜드 이미지와 정체성을 제공함으로써 포지셔닝을 효율적으로 구축하게 한다.49) 김정희·김형길은 관광도시의 문화자원의 브랜드개성을 측정하기 위해 혁신성, 평온함, 세련성, 신뢰성, 역동성으로 분류하여 관광도시의 브랜

Research (1997): 347-356.

47) 하규수·문지은, "유교문화 콘텐츠를 활용한 도시브랜드 활성화 방안 연구: 안동시와 중국 곡부시 사례를 중심으로", 「한국산학기술학회논문지」 7(1) (2016): 255-257.

48) https://www.worldcf.co.kr:511/public/main.asp (2020.06.05.)

49) 김흥규·김유경·최원주. "광고를 통한 브랜드 이미지 형성에 관한 연구", 「광고학연구」 12(3) (2001): 164-169.

드개성을 측정하였다.50) 김지수·김종무는 제주도 문화콘텐츠에 대한 브랜드개성을 측정을 전통성, 역동성, 혁신성으로 분류하였다.51) 김유경은 국가브랜드개성을 선도성, 활발함, 세련성, 전통성, 평온함으로 측정하였다.52) 이 책에서는 브랜드개성의 측정요소를 선행연구에서 중복되어 거론되는 전통성, 혁신성, 역동성을 중심으로 분류한다.

1) 전통성

문화콘텐츠는 문화의 다양성과 보편성을 통해 브랜드 확장이 이루어진다. 브랜드개성은 문화콘텐츠 브랜드의 확장을 위한 중요한 요소로 소비자들의 경험을 통한 능동적인 반응으로 이루어진다. 브랜드개성에서 전통성은 소비자 개개인이 자기 효능감에 미치는 결과에 따라 차이가 나타나며 브랜드 전통성은 현대사회에 공존하는 전통에 대한 문화적 가치를 의미한다.53)

주한나는 전통성 인지 요인은 구성미, 여백미, 자연미, 비균제미, 조화미, 청초미, 무기교의미, 소박미, 절제미, 비례미, 공간변화에 의한 다양미, 상징미, 단아미, 친근미, 실용미, 고즐미, 단순미, 해학의 미, 파격미, 이중적 미, 시간성(곰삭음의 미), 적조미, 곡선미, 중성미로 분류하였다. 전통미의 대중적 인지도는 선행연구에서 여백미가 평균값(3.635)보다 높은 4.19로 나타났다. 비균제미, 단아미, 자연미, 적조

50) 김정희·김형길, "관광도시 문화자원의 도시브랜드개성, 관계품질, 충성도에 미치는 영향," 「감성과학」 13(4) (2010): 743-747.
51) 김지수·김종무, "제주도 문화콘텐츠 브랜드개성이 관광 만족도, 추천의도 및 재방문의도에 미치는 영향," 「커뮤니케이션 디자인학연구」 63 (2018): 165-166.
52) 김유경, "국가브랜드개성의 차원에 관한 연구", 「광고연구」 75 (2007): 102-113.
53) 최명철·서문교, "감성지능과 자기 효능감의 관계에서 전통성과 현대성의 조절역할", 「한국조직학회보」 10(1) (2013): 108-114.

미는 평균값 이상이며, 해학미, 이중적미, 다양미, 단순미, 상징미, 시간성(곰삭음의 미), 실용미, 무기교의 미, 파격미는 평균값 이하로 나타났다. 전통성에 대한 인지요인 중 평균값 이상 나타난 인지요인인 여백미는 한국의 전통적 미로 빈자리에서 느낄 수 있는 아름다움이며, 비균제미는 균형이 잡히지 않고 다듬어지지 않은 아름다움이다. 단아미는 단정하고 고상하면서 담백한 아름다움이며, 자연미는 사람의 손길이 가지 않는 본래의 천연미다. 적조미는 맑고 고요하며 온화한 아름다움이다.[54]

한국의 전통성을 문화콘텐츠 브랜드개성으로 접목하기 위해서는 전통문화자원에 대한 인식이 필요하다. 전통문화자원은 유형과 무형으로 구분한다. 유형문화자원은 시설, 경관 및 역사문화자원 등이 있다. 무형문화자원은 연극, 음악, 공예기술뿐만 아니라 축제, 전시, 공연 및 각종 문화행사가 포함한다. 문화체육관광부의 문화자원 분류에서 전통문화자원은 민속, 문화, 설화 및 관혼상제 등이 있다. 또 관광문화자원으로 유물, 유적, 명승지 및 특산품 등이 포함된다.[55]

전통문화는 문화구성원들의 보편적 삶의 문법이며, 세계 속에 민족의 존립 근거를 주체적으로 마련하고 삶의 자주성을 획득해 주는 문화코드다. 전통문화는 독자적 존재 논리와 개별적 의미 공간을 확보하고 있다. 전통문화의 개별 영역들의 존재 논리와 개별적 의미 공간 확보는 상징성과 내적 원리를 메타 층위에서 통합적으로 규정해 준다.[56]

문화콘텐츠는 브랜드개성과 관련하여 전통성에 대한 인지요인 중 여

---

54) 주한나, "전통성 인지요인 및 인지정도에 관한 연구: 전통한옥에 사용한 벽재(壁材)를 중심으로", 「디자인융복합연구」 43(12-6) (2013): 405-408,

55) 홍창기, "전통문화 콘텐츠를 이용한 모바일 게임 그래픽 연구", 「한국디자인포럼」 53 (2016): 262-263.

56) 안장혁, "전통문화예술을 통한 한국의 문화브랜드 가치 제고 전략: 한글을 중심으로", 「기호학 연구」 22 (2007): 465-472.

백의 미는 한국문화의 특징을 설명할 때 가장 많이 구사하는 전통미다. 지역의 전통문화를 함유한 축제 콘텐츠는 방문객들에게 특별한 감동을 준다. 따라서 지역축제가 그 지역에서 오래도록 살아온 지역민들의 생활양식을 반영해야 브랜드의 개성을 구축할 수 있다는 것을 알 수 있다. 전통성을 담은 지역 축제는 지역민으로 하여금 문화적 자긍심을 갖고 브랜드개성을 위해 지속적으로 결속력을 형성하게 된다.

2) 역동성

이상철은 전통적인 의미론은 명제 또는 내용이 참이 되기 위한 조건이며, 역동적 의미론은 의미를 대화자 사이의 정보 상태를 변화시킬 수 있는 잠재력이라고 하였다. 역동적 의미론에서는 맥락을 갱신하는 것이 의미에 대한 체제에서 가장 중요하며 추론자 자신이 가지고 있는 맥락에 새로운 정보가 들어와 기존의 맥락이 갱신되는 과정을 겪으면서 그 결과가 추론되는 것이라고 설명하였다.[57] 전동진은 역동성에 대해 H 룜바흐의 「구조존재론」을 인용하여 개인의 가장 고유한 자아로 삶과 진리 그리고 발전의 우세(Übermacht)라고 설명하였다.[58] 이는 문화콘텐츠 브랜드의 역동성이 변화를 통해 갱신되는 과정을 의미한다.

전통적 예술양식인 동해안별신굿의 탈굿과 거리굿은 무극(굿 놀이)으로도 불리는 무당들의 연극으로 기타 지역의 연극적 전통과는 구별되는 민속극이다. 이 굿들은 사회적 변화와 관객의 정서변화에 민감하게 반응하면서 전통을 유지하되 지속적으로 살아 움직이는 역동적인 연극이다. 동해안별신굿의 탈굿과 거리굿은 문화콘텐츠 브랜드 역동성으로

---

57) 이상철·심유희, "의미의 역동성", 「인문학연구」 30(1) (2003): 72-74.
58) 전동진, "구조의 체제와 역동성, 그리고 생성: 롬바흐의 「구조존재론」에 관한 일고", 「현대유럽철학연구」 37 (2015): 35-62.

급변하는 현실에 대응하지 못하면 별신굿의 전승이 단절될 수 있어 연행주체인 무업집단의 성격을 역동성을 갖도록 변화하고 있다.59) 문화콘텐츠 개성에서 역동성을 탈굿과 거리굿에서 찾아보면 다음과 같다.

첫째, 탈굿과 거리굿의 역동적 연행원리는 연행현장의 진정성에 있다. 관중들은 마을의 안녕과 풍요를 기원하는 분명한 목적의식을 가지고 제의공간인 축제공간에서 실제로 행해지므로 자신의 욕구를 마음껏 발산하며 삶의 활력을 찾을 수 있다.

둘째, 열린 시공간의 창조성에 있다. 축제의 공간은 과거와 현재가 공존하며 시공의 제한이나 경계가 없어지게 된다. 창조성은 행동에 있어서도 연행자의 행동 하나하나에 따른 새로운 이야기 거리가 만들어지고 예기치 못한 관객의 개입이 발생한다.

셋째, 연행변화에 대한 자율성에 있다. 연행자는 전체적 연행에 영향을 주지 않는 한 자율적 행동이 가능하며 자신의 역량을 최대한 발휘하고 즉흥적으로 상황에 대응하며 연행현장의 분위기에 역동성이 부여되고 있다.

넷째, 표현방식의 파격성에 있다. 파격성은 첩의 유혹, 성적 행위 등 억눌린 욕구들을 대신 충족하거나 대리 표현으로 행위에 대한 경각심을 주고 질서를 새롭게 회복하는 계기로 삼는다. 이는 파격적인 표현이 강화될수록 재미가 더해지고 따라서 관중들은 몰입을 하게 된다.

다섯째, 연행자와 관중의 소통성에 있다. 연행자는 마을 상황을 잘 알고 있고 관객은 굿의 전체 흐름에 대해 잘 알고 있다. 마을 주민들의 자발적인 참여로 축제적 분위기 속에서 상호소통은 증가된다.

미국 시애틀 도시공간의 역동성과 다양성은 활력 있고 창조적인 도심 이미지를 브랜드화하였다. 스타벅스 본점이 있는 시애틀은 커피 마

---

59) 조정현, "동해안별신굿 무업집단의 성격과 탈굿·거리굿의 역동성", 「공연문화연구」 17 (2008): 351-393.

니아들의 성지이며, 농수산물 직거래 장터인 <파이크플레이스 마켓
(Pike Place Market)>은 먹거리를 파는 장터로 문화를 파는 관광명
소다. 연간 2천만 명 이상의 관광객들이 찾는 시애틀은 영화 <시애틀
의 잠 못 이루는 밤>(1993)으로 유명하며, 이를 통해서 시애틀을 찾
는 관광객들은 다양한 문화콘텐츠를 체험하여 브랜드 개성을 확산, 증
폭시키는 역동성을 이어가고 있다.60)

▌ 미국의 <파이크플레이스 마켓>과 일본의 <마츠리>
ⓒ https://www.google.co.kr/

일본의 문화콘텐츠 브랜드의 역동성은 사시사철 어느 곳에서나 열리
는 <마츠리(祭り)>에서 찾아볼 수 있다. <마츠리>는 인간의 종교
적 심의에 있으며 오곡풍양과 무병식재에 대한 기원과 감사가 기본 정
신이다. 일본의 지역사회가 가진 <마츠리>의 역동성은 전통성이 쇠퇴
하며 현대적 〈마츠리〉의 등장으로부터 시작된다. 지역사회의 변화에
따라서 <마츠리>도 큰 변화를 겪는데 전통적 <마츠리>와 현대적
<마츠리>의 융합과 같은 복합적 전개를 통해 혁신성을 부여하였다.
<마츠리> 성격 변화는 지연(地緣)에서 사연(社緣)적 성격의 변화다.
소셜미디어의 발달로 지역사회에서 개인과 개인 간의 네트워크를 형성
하는 변화와 관계로 작용한다.

---

60) 신정엽, "시애틀의 도시 공간 특성: 역동성과 다양성", 「한국지리확회지」4(1)
(2015): 129-134.

<마츠리>의 역동성은 광역화 현상이다. 지역의 작은 <마츠리>들이 큰 광역에서 열리는 <마츠리>에 참가하여, 새로운 <마츠리>로 생성과 연합을 꾀한다.61) <마츠리>의 역동성은 다목적 공간의 융합을 위해 거리, 광장, 공원, 녹지 등 도시 공공 공간에 도시 기능의 충족을 위한 인적 교류와 스포츠, 교통, 상거래 등을 창의적이고 독특한 문화콘텐츠로 모험적으로 체험하게 한다. 따라서 <마츠리>는 대중에 의한 브랜드의 역동성을 창출하고 있다.62) 동적 이미지의 커뮤니케이션은 대상의 내부구조에 대한 움직임으로 동적 이미지가 생성된다.63) 이 책에서는 향교·서원의 문화콘텐츠가 창의적이고 독특하며 모험적인가에 인식하도록 브랜드의 역동성에 대하여 문화콘텐츠 참여자들이 체험한 경험을 통해 내적으로부터의 어떤 동적 이미지를 갖게 되었는지 사례를 중심으로 질적 연구와 이를 객관화가 가능하도록 양적연구를 병행하였다.

3) 혁신성

　혁신이론은 커뮤니케이션, 채널, 시간, 사회시스템의 4가지 요소가 새로운 아이디어의 확산에 영향을 미치는 이론이다. 혁신이론을 토대로 혁신의 확산은 구체적인 의사소통을 통해 시간을 두고 수용되어 수요자의 수가 확대되어 간다.64) 문화콘텐츠 산업은 새로운 브랜드를 출시하는 시발비용과 운영 실패 확률을 줄이려고 기존 브랜드를 기반으로 한

---

61) 김양주, "일본지역사회의 마츠리와 그 사회문화적 역동성: 유스하라의 사례를 중심으로",「민족과 문화」3 (1995): 119-124.

62) 리리·김병옥, "중국 충칭 도시 공공공간의 역동성과 특징에 관한 연구",「조형미디어학」22(3) (2019): 126-127.

63) 장화섭, '비쥬얼 커뮤니케이션과 동적 이미지: 구상표현과 추상표현에서의 동적 이미지를 중심으로",「기초조형학연구」11(3) (2010); 442-447.

64) 이진주, "혁신이론의 범위와 연구동향",「경영학연구」27(5) (1998): 1, 116-1, 117.

확장브랜드를 운영한다. 이는 초기 투자비용을 줄일 수 있고, 기존 브랜드에 대한 긍정적인 이미지를 연장함으로써 효율적으로 브랜드자산 가치를 올릴 수 있다. 문화콘텐츠의 파워와 브랜드개성은 기존 브랜드가 제공해 온 이미지와 동일한 수준의 서비스를 제공할 것이라는 기대는 서비스의 포지셔닝에 힘을 써야 구축된다. 선호도는 확장된 브랜드 및 제품과 서비스에 대한 개인 성향의 차이가 있지만 대부분 혁신성에 따라 차이가 난다.65)

소비자의 혁신적 특성은 급격한 사회·문화적 변화로 새로운 것을 접하는 주기가 짧아지면서 트렌드 주기도 짧아지게 됨에 따라서 브랜드 채택과 밀접한 관련이 있다. 혁신적 소비자는 새로운 경험과 자극에 개방적이어서 새로운 정보와 기술을 먼저 수용하는 경향이 있다. 다양한 경험을 추구하는 탐험적 구매자는 신제품을 먼저 선택하고 확산하는 결정적 역할을 주도한다. 혁신성이 높은 사람은 혁신성이 낮은 사람에 비해 정보를 중시하고, 인지적 광고에 높은 반응을 한다. 반면 혁신성이 낮은 사람은 감성적 광고에 높은 반응을 한다.66)

문화콘텐츠 개성의 혁신성은 구성원과는 다르게 혁신을 보다 먼저 수용하는 것으로 신제품 수용에 있어서 새로운 경험과 자극에 개방적인 성향을 나타낸다. 새로운 것을 초기에 채택하고 변화를 수용하는 것은 개인적이며, 개성적이며, 독특한 소비자 구매성향이다. 정보통신의 IT 관련 신제품은 비 유사확장 브랜드의 경우 신문물에 흥미를 느끼는 혁신성이 높을수록 브랜드개성이 강하다. 신문물의 변화는 직접 체험하려는 의도가 높아지며 혁신적인 소비 경향이 나타난다. 문화콘텐츠 브랜드의 혁신성은 광고 유형, 브랜드 확장 유형 및 소비자의 성향성에 따

---

65) 고진현, "외식브랜드의 확장속성이 구매의도에 미치는 영향: 고객혁신성의 조절효과", 「관광경영연구」 23(2) (2019): 311-315.

66) 김선아·황선진, "패션광고 유형과 패션브랜드 확장, 소비자 혁신성이 광고 신뢰도에 미치는 영향", 「服飾文化硏究」 26(5) (2018): 723-724.

라 신뢰도에 긍정적인 영향을 준다. 광고 유형이 광고 신뢰도에 주는 영향은 소비자 혁신성 정도에 따라 달라진다. 혁신성은 SNS 등과 같은 새로운 매체를 동반한 크로스미디어 광고에서 집중적으로 도입하여 다양한 성과를 거두는 개혁적 요소이다.

혁신성은 신규 아이디어나 해결책을 마련할 수 있는 능력을 장기간 유지 할 수 있느냐에 따라 변화를 꾀할 수 있다. 혁신성은 내·외부인들이 변화에 대해 인지하고 있는지가 중요하며, 기업의 관점에서 새롭고 창의적이며 영향력이 강한 아이디어와 해결책을 제시하는 능력을 유지하는지에 대한 관심의 정도이다. 그러나 소비자 관점에서의 혁신성은 소비자가 인식하는 지식 및 경험에 기초한 정보로 주관적인 속성에 의해 특정 브랜드에 대한 지속적인 소통으로 지각하는 판단이다.67) 혁신성은 글로컬리즘을 위한 정보와 지식을 바탕으로 융합된 콘텐츠의 경험을 통한 개인적인 관찰로 브랜드개성에 대한 세련미를 의미한다.

정헌수·김우양에 의하면 브랜드는 혁신성이 높은 소비자의 경우 혁신성이 낮은 소비자 보다 동질적인 제품을 같은 제품군에 포함시킨다.68) 따라서 브랜드의 혁신성을 높이는 전략은 동일 제품 내에서의 차별화가 아닌 경쟁사의 브랜드와 차별화를 시도해야 한다.

향교·서원이 가지고 있는 콘텐츠가 향후 글로벌콘텐츠로 혁신하기 위해서는 정량적 지표를 활용하고, 4차산업혁명 시대에 융합적이고 세련된 콘텐츠로 소비자 공감대를 확대시켜 나가는 것이 중요하다.

---

67) 정창윤·김인신, "도시 브랜드 풍문을 통한 혁신성 지각이 지역주민의 시민행동에 미치는 영향: MICE도시 부산 브랜드를 중심으로", 「호텔관광연구」 17(4) (2015): 324-326.

68) 정헌수·김우양, "소비자 혁신성과 고려제품군 형태간의 관계에 관한 연구", 「소비자학연구」 14(4) (2003): 61-62.

2부

문화관광과
문화콘텐츠

1. 문화관광의 기능

관광의 역사는 그리스·로마시대의 올림픽 경기 참가 등 특정 목적을 위한 행위로부터 시작되어 성지 순례가 보편화 된 중세 관광으로 이어진다. 본격적으로 관광산업의 발전은 산업혁명의 상징인 증기기관차를 기점으로 확대된다. 근대 관광산업의 아버지라고 불리는 토머스 쿡 (Thomas Cook, 1808~1892)은 철도 관광을 위해 특정 관광객을 모집한 것이 여행 산업의 시초가 되었다.[69] 현대관광은 특정 관광객들만이 즐기는 활동으로 간주하지 않는다. 현대인들에게 관광은 여가활동 중의 하나로 대중화되었다.

문화관광은 현대인들의 관광 행태에 많은 변화가 있음을 보여준다. 문화관광은 전통적인 유적이나 유물 또는 예술 등이 잘 간직되어 있는 지역이나 그 문화를 향유한 사람들이 살았던 과거에 초점을 두고 하는 관광 행위이다.[70] 정호진은 문화관광은 사람과 철학관광으로 사람들의 정신과 사상이 빚어낸 문화를 의미한다고 설명하고 있다.[71]

문화관광은 문화유산과 관련된 역사적인 장소만을 찾는 것으로는 경쟁력이 떨어진다. 일본은 지역을 상징하는 캐릭터를 중심으로 특산품과 지역 문화·역사적 관광을 혼합한 문화관광상품이 다양하다. <미야게 (みやげ)>는 일본의 문화관광을 촉진하는 촉매제로 일본 에도시대 이

---

69) 하동현·조태영·조영신, 「관광학원론」(서울: 한올출판사, 2016), 23-32.
70) 이장섭, "관광문화와 문화관광", 「문화정책논총」 6 (1994): 289-294.
71) 정호진, "공동체와 문화관광", 「앞, 뒤 바라보다」 4 (2010): 6-8.

후 신불(神佛)의 부적에서 시작한 영험함을 키워드로 다양한 식품으로 응용되고 있다. <미야게>는 규슈의 관문 후쿠오카(福岡県)시 하카타(博多)역에 위치한 미야게몬 시장에 들어서면 가장 많이 볼 수 있다. 미야게몬 시장은 어디를 가든 사방이 모두 <미아게> 토산품으로 가득하다.72) 한국도 지역 화폐처럼 각 지역의 문화관광을 촉진하는 촉매제에 대한 다양한 시도가 있다. 문화관광의 상호적 기능, 사회적 기능 및 홍보적 기능을 병합한 문화관광 촉매제 개발이 필요하다.

1) 상호적 기능

관광은 문화현상의 산물이며 문화현상에는 역사현상, 전통문화, 민속과 음식 그리고 생활문화와 예술, 과학과 건축 및 이야기와 특산물 등이 포함된다.73) 전경수는 관광은 문화적 의미를 가지고 사람과 사람들의 집단이 다른 문화와 접촉할 때 필연적으로 발생할 수 있는 문화와 문화변동이라고 설명하였다.74) 따라서 문화관광의 상호작용은 문화현상 속에 포함된 다양한 문화콘텐츠가 상호작용에 의해 형성되는 현상이다. 최근 문화관광은 지역을 활성화하기 위한 지역의 정주형 생활권자와 문화관광객들과의 상호작용으로 인해 불협화음을 야기하고 있다.

문화관광은 지역의 경제, 문화, 환경 등 사회 전반의 영향을 가늠하지 않으면 지속 가능한 성장 구조를 구축할 수 없다. 한국도 오버투어리즘(overtourism)의 대표적 사례로 북촌한옥마을과, 이화벽화마을, 부산감천문화마을 등이 있다. 황희정·윤현호에 의하면, 오버투어리즘은

---

72) 황달기, "일본 미야게의 관광문화적 의미와 기능", 「일본문화연구」 62 (2017): 288-291.

73) 류정아, "관광 현상을 분석하는 인류학적 시선에 대한 일고", 「비교문화연구」 24(2) (2018): 503-506.

74) 전경수, 「문화의 이해」(서울: 일지사, 1994): 281-302.

지역민들과 관광객 간의 상호작용으로 인한 지역주민의 특성에 대한 이해를 토대로 접근해야 한다. 이를 개선하기 위해서는 관광객의 관광활동 제한과 경제적 보상 제공 등을 통해 지역 정주형(定住型) 생활권자의 삶의 질에 대한 보장이 다각적으로 이루어져야 한다.75)

문화관광의 상호적 기능은 지역 정주형 생활권자와 관광객들과의 서로 다른 문화관광의 관점의 차이를 좁힌다. 지역공동체의 공간은 문화자원과 전통적인 생활양식 그리고 지역구성원 등이 유기적으로 결합된 관광활동이 이루어지는 공존의 공간이다.76) 관광은 제안과 수요의 이분법을 다루지 않고 형태와 기능, 장소와 사람 사이의 조화 또는 균형, 그리고 둘 다를 개발할 수 있는 능력을 찾아야 한다.

문화관광은 계속해서 확장되며 프로젝트 개발자, 부동산 사업자, 환경 관리자, 문화, 레저 및 관광 전문가 등의 유기적 네트워크가 없다면 훨씬 더 나쁜 전례를 남긴다.77) 따라서 문화관광은 정주형 생활권자와 문화관광객들 간에 문화자원의 가치를 상호적 기능을 통해 교환해야 한다. 관광객들은 관광상품을 선택할 때에는 과거경험, 정보검색 등을 통해 관광 목적지에 대한 이미지를 옵션으로 선택한다. 따라서 관광목적지는 문화자원의 가치를 관광객들의 옵션 선택의 상호작용을 통해 교환하게 된다. 이로 인해 정주형 생활권자와 관광객들 간의 균형 있는 관광상품이 경쟁력을 가질 수 있다.78)

---

75) 황희정·윤현호, "정주형 생활유산에서의 지역주민 공정성", 「관광연구」 27(3) (2012): 497-498.

76) 박용순·심원섭, "장소애착과 정서적 연대와의 관계", 「관광연구」 32(5) (2017): 403-405.

77) Myriam, Jansen-Verbeke, "The Territoriality Paradigm in Cultural Tourism," *Tourism* 19(1-2) (2009): 25-31.

78) 신진옥·심창섭·정철, "여행상품 옵션 프레이밍에서의 경영적 효과 및 심리적 반응 차이: 여행 광고 메시지 유형, 관광 목적지의 상호작용 효과", 「관광연구논총」 31(2) (2019): 81-83.

관광객의 심리적 지각은 관광지의 다양한 문화콘텐츠의 구매를 높일 뿐만 아니라 관광 만족도도 높일 수 있다. 관광객은 참여와 경험의 상호작용을 통해 정주형 생활권자들과 소통을 이루며 문화콘텐츠에 대한 충분한 이해와 배려를 하게 된다. 문화콘텐츠 상호적 기능은 콘텐츠의 공통의 공감대를 이끄는 소통이 무엇보다 중요하다. 관광객들은 정주형 생활권자들과 언어와 생활문화 풍습은 달라도 소통을 통해 서로의 문화에 대한 상호적 교류와 진정한 문화의 이해를 교감할 수 있다.

2) 사회적 기능

현대사회는 교통수단의 발달로 국가 간 또는 한 국가에서 지방간의 거리가 좁아지고 있으며, 통신수단의 발달로 시공간의 장벽이 허물어지고 있다. 이로 인해 현대인들은 관광의 일상 생활화시대를 맞이하고 있다. 문화관광은 소셜미디어의 발달로 시·공간의 경계를 뛰어넘어 사이버 관광으로까지 연계되고 있다. 남기범은 사이버공간 이동으로 문화관광은 개인 간, 집단 간, 또는 국가 간 빈번한 교류에 따른 사회적 기능을 부여한다고 설명하였다.79) 이로 인해 문화관광의 사회적 기능은 관광소비를 촉진하며, 지역의 새로운 이미지를 구축하고 있다.

현대사회는 복잡한 연결성으로 인해 정치, 경제, 사회 모든 구성 요소의 영향을 받으며 세계화로 연결되어 있다고 한다.80) 민웅기 외는 세계화 시대는 다문화 사회 질서를 정례화하고 의사소통 과정에서의 개방적 의미구조를 창출한다고 설명하였다.81) 세계화 시대의 문화관광은

---

79) 남기범, "사이버공간과 일상공간의 상호작용: 문화·관광활동을 중심으로", 「한국경제지리학회 학술대회 논문집」(2006): 116-122.

80) Xue, Changxue, "A Review of Tomlinson's Views on Cultural Globalization," *Asian Social Science* 4(6) (2008): 112-114.

81) 민웅기·김상학, "세계화 시대의 다문화가족의 확산과 국제관광의 사회적 기능에

단순한 국제관광을 넘어 문화 수용과 문화 상호작용을 통해 시민교육정책과 다차원적 사회통합 정책의 운영을 연계시켜주며 문화통합의 사회적 기능을 추구할 수 있다.

문화관광의 사회적 기능은 융합을 통한 사회적 재구성과 이타문화에 대한 문화적 간극을 좁히게 하며, 이타문화의 가치를 신뢰하고 인정함으로 인해 국제문화관광을 통한 문화의 다양성을 이해할 수 있다. 문화관광의 가치수용은 서로 다른 문화를 갈등 없이 받아들이고, 통합되는 수용의 사회로 전환되는 계기를 마련하게 한다.

문화관광의 사회적 기능은 관광상품을 통해 지역관광을 촉진하는 데도 유용하다. 이타문화 지역의 관광상품에 대한 경험은 관광지의 정보를 공유하여 지역관광을 촉진하고 활성화하게 한다. 사이버공간은 지역의 관광상품의 유통까지 활용하게 하며, 문화관광의 사회적 기능을 확장시킨다. 문화관광지의 관광상품은 다문화 수용자들에게 사용 경험을 통한 이질적 문화를 이해하게 하며, 이타문화에 대한 사회적 공감대를 확대시킨다. 따라서 문화관광의 사회적 기능은 지역의 관광상품에 대한 경험과 가치를 공유하면서 이질적 문화의 충돌을 방지하며 배려와 공감의 이타문화로 세계문화를 이해하는 국제 문화관광의 중요한 전략이다.

문화관광의 사회적 기능은 지역을 방문한 관광객들의 선 경험의 공유로 인해 그 지역을 방문하는 관광객들의 만족도를 향상시키기에 관광동기를 유발하고 경험을 공유하게 하는 체험콘텐츠 개발이 필요하다. 체험콘텐츠는 관광객들을 위한 체험과 경험의 콘텐츠 이전에 정주형 생활권자들의 라이프 스타일에 맞는 다양한 기능이 배치되어야 한다. 문화관광의 사회적 기능은 독특하고 건강한 문화를 유지하기 위한 지역사회의 약속이다. 그러나 문화관광의 사회적 기능이 정주형 생활권자들을 배재하고 관광산업으로만 쏠리게 되면 관광문화의 본연의 사회적 기능

_____

대한 이론적 성찰," 「관광연구저널」 29(5) (2015): 10-15.

을 잃게 된다. 따라서 문화관광의 세계화를 위해서는 사회적 기능에 대한 이해와 공감대가 필요하다.

3) 홍보적 기능

문화관광의 홍보적 기능은 문화관광의 추진 및 유입 동기를 부여하는 데 중요한 역할을 한다. 관광 추진 동기는 관광객 내부의 심리상태에 의한 것이므로 유인 동기가 관광지의 속성과 관련된 관광지의 특성이 된다. 관광 추진 동기는 휴식, 변화추구, 체험, 위신, 위락활동, 지위향상, 가족관계 강화, 호기심이며, 유인 동기는 관광자원, 관광서비스, 관광이벤트 쇼핑, 관광시설, 이미지, 여행상품, 청결성, 스포츠 활동 등으로 구성된다.[82] 문화관광의 홍보적 기능은 관광대상 및 관광목표시장의 고객 및 고객층에 대하여 호의적인 정보 및 지식을 알리기 위한 관광대상, 관광특성, 관광시설 등을 선전, 광고, 퍼블리시티, PR 등을 전파하는 행위이다.[83]

최근 문화관광은 홍보적 기능을 위해 최근 1인미디어 크리에이터들을 적극 활용하고 있다. 문화관광지의 홍보는 인플루언서(influencer)의 영향력을 통해 유튜브, 틱톡, 인스타그램, 페이스북 등 온라인 플랫폼으로 즉시 연계되고 있다.[84] 2018년 유튜브 누적 이용자 수는 약 130억 명, 하루 방문자 수는 약 3천만 명이며, 영상 조회 수는 1백만 뷰 이상이다. 전체 이용자의 성비는 62%가 남성, 38%가 여성으로 집계되었다.[85] 2019년에는 유튜브 이용자 수는 190억 명으로 전년대비

---

82) 변수녀·최병길, "관광의 동기, 만족 및 관광지 충성도간의 관계 구조모델", 「관광레저연구」 19(3) (2007): 31-35.

83) 전동환, "관광홍보전략의 이론적 접근", 「경영학연구」 10 (1997): 193-196.

84) 이진희·정철·김남조, "유튜브 관광콘텐츠 특성이 확신, 지각된 유용성, 만족, 충성도에 미치는 영향", 「관광연구」 34(8) (2019): 48-50.

60억 명이 증가하여 50% 가까운 증가율을 보였다.86) 2020년 전 세계 월간 실질 사용자 수는 20억 명이고, 인터넷 사용자의 79%는 유튜브 계정이 있다. 전 세계 80개 언어로 제공하고, 인터넷 인구의 95%를 차지하며, 미국 인구의 94%가 최소 월 1회 유튜브에 접속하는 것으로 나타났다. 구글은 유튜브 실적을 철저히 비밀로 하고 있다. 그러나 미국 뉴욕타임스(NYT)는 유튜브 연 매출이 160억~250억 달러에 이를 것으로 추정하고 있다.87) 이에 따라 문화관광의 홍보적 기능은 온라인 플랫폼을 활용하는 추세다.

문화관광 홍보적 기능은 해외 관광객들을 유입하기 위해서 홍보영상 및 홈페이지 등에 다국어 안내가 필요하다. 문화관광의 홍보 기능은 관광을 위한 간단하고 손쉬운 정보접근에서부터 출발하기 때문에 연계관광 계획의 수립이 용이하도록 홈페이지나 홍보책자 등 다양한 문화콘텐츠와 관광 정보가 연결되어야 한다. 문화관광의 홍보적 기능은 뉴미디어시대에 맞는 영상으로 최적화할 필요가 있다. 국가 간 빈번한 교류로 인하여 해외여행이 생활화된 상황에서 방문국가의 이국적인 문화체험의 홍보영상은 이타문화에 대한 관심과 실제 방문으로 유입하는 효과를 누릴 수 있다.

---

85) 한국콘텐츠진흥원, 「미국 콘텐츠산업동향 11」(2018): 3-7.
86) 한국콘텐츠진흥원, 「미국 콘텐츠산업동향 19」(2019): 5-6.
87) Top YouTube Statistics That Matter In 2020(Infographic), "월 20억 명·매일 10억 시간 시청··· 세상을 바꾼 유튜브", 이투데이, 2020.1.20

2. 문화관광의 효과

　문화관광의 효과는 세계관광기구가 거론한 이타문화를 경험하여 문화의 다양성을 이해하고 이타문화에 대한 경험의 확장으로 지역경제 활성화와 문화예술 진흥과 교육 그리고 생태환경에 대한 자각심 갖게 하는 긍정적인 성장이다. 문화관광의 긍정적 효과는 지역의 전통문화와 고유문화가 재조명되어 문화자원으로 보존하는 역할을 한다. 반면 문화관광의 부정적 효과는 유입 관광객을 위한 선전효과를 위해 문화자원을 고려하지 않는 관광개발로 문화를 훼손하고 변형한다. 이로 인해 물가 상승, 과소비, 소음 및 생태계 파괴 등 문화관광의 부정적 효과를 초래한다.[88]

　문화관광의 태도는 자연과 문화 및 그 지역의 정주형 생활권자들의 환경을 통합하여 인지해야 한다. 문화관광의 태도는 전통적인 요소를 인정하는 것 이외에도 지역사회의 개성, 문화와 이익을 추구한다. 문화관광은 지역경제의 다양한 가능성에 의존해야 하며, 지역경제 구조로 통합된다. 문화관광의 다양한 옵션은 생활 정주민들의 삶의 질에 공헌하며, 사회문화적 정체성에 관해서는 긍정적인 효과를 준다.

　미국과 독일에 기초를 두고 있는 ICD(Institute for Cultural Diplomacy: 문화외교연구소)는 지역의 스토리와 스토리텔링은 문화관광의 부가된 가치를 부여하고 잠재적인 자원이 될 수 있다고 설명한

---

88) 하동현·조태영·조영신, 「관광학 원론」, 100-120.

다.[89] 문화관광은 지역의 정체성과 전통문화에 대한 올바른 가치를 통해 세계 경제성장과 세계화에 대한 도전으로 맞서는 능력을 갖게 한다. 문화관광은 문화의 다양성과 차이점을 만나는 장소로 공동체의 정체성과 문화의 자긍심을 통해 전통적 유산의 창조적인 코드를 창조적인 상상력으로 재구성한다. 따라서 문화관광의 경제적 파급효과, 사회문화적 파급효과 및 집객적 파급효과는 세계경제 성장을 이끄는 지표다.

1) 경제적 효과

문화관광의 경제적 효과는 타 분야와 융합을 통해 시너지를 낼 수 있다. 문화관광은 관련 산업뿐만 아니라 연계산업의 브랜드력을 동반 상승하게 하여 매출과 부가가치를 높인다. 문화관광 축제는 지역사회와 지역주민에게 소득증대의 기회를 제공하여 지역경제 활성화에 직접적인 영향을 준다. 문화관광 관련 산업은 세제 및 재원지원 정책으로 관광호텔업과 여행업 등이 서비스 가격을 인하시키는 경제적 효과를 볼 수 있다. 문화관광의 경제적 효과는 방문객의 소비 및 지출 현황, 축제 직접수익 현황, 축제 고용효과 현황, 지방정부 세수입 증가현황, 사업체 수 증가 현황 등이 측정 지표다.[90]

지역축제는 문화관광의 경제적 특수효과의 대표적 사례다. 문화체육관광부는 1996년부터 지역축제 중 우수한 축제를 문화관광축제로 지정하여 지원하고 있다. 문화관광축제는 그동안 등급제로 지원하던 것을 개정된 <관광진흥법 시행령>(2019년 4월)에 의한 문화관광축제 지원제도 개선 계획(2019년 4월)에 따라 2020년부터 등급제가 폐지되

---

89) http://www.culturaldiplomacy.org(2017.01.02.)

90) 정갑영, "연산일반균형모형을 이용한 관광정책의 경제적 효과 분석", 「한국문화관광연구원 수시연구」(2008): 91-95.

었다. 문화관광축제는 2020년 35개 지역축제가 선정되어 총 30억 원의 지원금을 받는다.[91] 문화관광축제의 지정목적은 세계적인 축제 육성과 지방 관광 활성화를 위한 경제적 효과에 있다. 문화관광축제 지정 전후에 대한 차이는 세계 교류 효과, 공동체 역량강화, 지역경제 파급 효과, 사회문화적 브랜드 인지도 제고의 효과로 나타난다. 그러나 지역마다 넘쳐나는 축제는 지역의 브랜드 포지셔닝의 역효과를 초래한다. 천편일률적인 축제는 문화관광의 질적 하락을 막지 못한다. 2016년 등급별 문화관광 축제 지정은 경제, 사회문화 및 환경적 효과 등의 기여도에서 생산유발 효과만의 차이를 보였다.[92]

문화관광 축제의 긍정적 효과는 관광객 유입과 정주형 생활권자들의 소득증대와 고용효과 그리고 연관 산업의 경제 활성화가 함께 부각된다는 것이다. 이와 반대로 문화관광 축제의 부정적인 효과는 정치적 이용목적, 지역 생활 정주민들의 물질만능주의 확산, 상업적 가치로의 관광으로 문화자원의 고유성 퇴색 그리고 교통 혼잡과 쓰레기 등 환경오염, 범죄율 증가 등이다.[93]

2018년 국토교통부와 문화체육관광부는 지역의 역사·문화와 특성을 반영하는 문화적 도시재생을 위해 적극 협력하기로 하였다. 문화적 도시재생은 지역의 역사와 전통성을 통해 이타문화에 대한 이해를 높일 수 있을 것으로 전망된다. 따라서 역사문화도시 재생사업의 경제적 파급효과는 외화획득, 국제수지개선, 주민의 소득 및 고용창출, 지역의 경제구조 개선 및 기업 활동의 촉진 등을 직·간접적으로 기대할 수 있다.[94] 문화관광의 경제적 효과는 외화획득과 경상수지 적자의 개선에

91) https://mcst.go.kr(2019.01.03)
92) 오훈성, "문화관광축제 지정에 따른 효과 분석: 2010년~2016년 지정등급 기준",「한국문화관광연구원 기본연구」(2016): 24.
93) 김철원·이석호, "문화관광축제 육성방안",「한국문화관광연구원」(2001): 10-15.
94) 최정문, "경주역사문화도시 조성사업의 관광효과에 관한 동태적연구: 시스템 다

있으며, 고용증대를 가능하게 해주고 관광 관련 산업의 발전을 도모한다. 이 효과는 지역사회에 대한 긍정적인 이미지를 증가시켜 줌으로써 외부로부터의 투자증진을 촉진하게 한다.

이에 따라 문화관광은 문화콘텐츠뿐만 아니라 관광객들이 그 지역의 독창성을 공감할 수 있는 지역특산물과 캐릭터 상품 등 다양한 관광상품을 접할 수 있는 기회가 마련되어야 한다. 지역의 특산물은 관광상품 개발로 부가가치율을 높일 수 있다.[95] 벨기에 문화관광의 상징인 오줌싸개 동상은 수도 브뤼셀의 대광장인 그랑 플라스(Grand Place in Brussels)에서 멀지 않은 골목에 위치해 있다. 오줌싸개 동상은 전 세계 관광객들에게 벨기에 관광에 빼놓을 수 없는 명소로 알려져 있다. 그러나 그것보다 더 유명한 것은 골목길 양쪽에 즐비하게 늘어서 있는 와플가게다. 많은 외국인 관광객들이 벨기에의 와플과 초콜릿을 먹으려고 긴 줄을 서 있는 진풍경은 문화관광의 경제적 파급효과에 대한 사례로 국내 문화관광을 위해서는 먹거리에 대한 대안이 필요하다.

2) 문화적 효과

문화관광의 문화적 효과는 지역의 정주형 생활권자들의 전통과 현대문화의 연결을 형성한다. 전통과 현대문화의 연결은 지역문화에 대한 자긍심과 예술적 교육 효과로 공동체 공동의 가치를 구축하며, 지역문화의 선순환을 이룬다.[96] 지역사회에 문화관광을 위한 새로운 변화는 경제적 측면에서는 긍정적 변화이지만, 문화적 측면에서는 정주형 생활권자의

이내믹스를 중심으로", (박사학위논문, 동국대학교 대학원, 2016) 2-32.

95) 김동환, "지역산업연분석을 이용한 지역축제 방문객에 의한 경제 효과 분석: 2017 주 한국선비문화축제를 심으로", 「MICE연구」 19(3) (2019): 57-58.

96) 이훈, "문화관광축제 20년 파급효과와 과제", 「한국관광정책」 61 (2015): 50-54.

생활양식의 변화를 초래하게 되는 부정적인 요소도 내포한다.97) 그럼에
도 불구하고 문화관광은 지역의 문화예술 창작수준 향상, 지역민들의
문화생활 증진과 문화예술 참여기회 제공, 지역의 문화자원의 보존과
보호 강화 등을 수반한다.98)

문화관광의 일환으로 각광받고 있는 세계적인 아트페어는 미술시장
의 역할을 넘어서 그 지역의 미술 축제로 확대되고 있어 콜렉터뿐만 아
니라 일반 관람객들의 많은 관심을 끌고 있다. 아트페어의 대중적 확대
는 지역사회의 문화산업뿐만 아니라 문화도시로서의 브랜드를 획득한
다. 따라서 문화관광의 문화적 효과를 위해서는 전시기획뿐만 아니라
다양한 문화콘텐츠의 저변을 확장할 필요가 있다. <프리즈 아트페어
(Frieze Art Fair)>는 국제적 미술시장으로 2003년부터 영국 런던
의 레전트 공원(Regent's Park)에서 해마다 10월 중에 개최되고 있
는데, 4일간의 지역축제로 문화적 파급효과를 톡톡히 보고 있다.99)

▌ <프리즈 아트페어 2024>와 영국 런던의 레전트 공원
ⓒ https://www.royalparks.org.uk/

97) 강신겸, "관광개발에 대한 지역주민의 태도", 「문화경제연구」 5(1) (2002):
    152-154.
98) 장준호, "관광개발 영향에 대한 지역주민 태도 차이 연구", 「문화연구」 27(3)
    (2012): 350-352.
99) 박소정, "아트페어의 지역성연계 프로그램이 지역발전에 미치는 영향 연구",
    (석사학위논문, 중앙대학교 대학원, 2015), 70-82.

미술문화의 저변 확대는 지역 이미지 개선뿐만 아니라 문화도시로서의 브랜드를 각인시키는 문화적 파급효과가 크다. 따라서 국내 많은 아트페어는 전시에 국한 된 행사가 아닌 축제로서 지역의 문화적 파급을 이끌어야 한다. 이를 위해 아트페어 기획자들은 지역문화와 연계성을 설정한 다양한 프로그램으로 지역 활성화를 위해 맞춤형 콘텐츠를 개발할 필요가 있다.

문화관광의 문화적 파급효과는 문화콘텐츠의 브랜드를 얼마만큼 포지셔닝 하는가에 달려 있다. 임영숙에 의하면 문화적 파급효과는 문화 체험을 통해 형성된 브랜드 인식이 중요한 작용을 한다.100) 개인 선호와 취향에 따라 선택되는 문화콘텐츠는 문화적 자기효능감에 따라 달라진다. 따라서 소비 향유층에 대한 분석은 문화관광의 문화적 파급효과를 효율적으로 발전시킬 수 있다. 그러나 문화관광의 특성은 이타문화 등 개인의 문화 소비지향에 따라 선택되는 경험과 체험을 통해 공감과 공유로 발전할 수 있다.101) 따라서 지역브랜드를 활용한 아트페어와 공연 등은 지역의 문화적 가치를 인식시켜 문화관광 활성화를 꾀할 수 있다.

문화적 파급효과는 경제적 소득에 따라 차등하게 나타나며, 경제적 소득에 따라 축제, 거주지의 문화 환경, 문화예술, 문화관람 등에 대한 선호도가 다르다. 예를 들어 평균 소득보다 낮은 소득층은 축제와 주변의 문화 환경에 만족도가 높았지만, 문화 관람에 있어서는 문화적 파급효과가 미치지 못한다. 평균소득에 해당되는 중산층은 축제와 거주지의 문화 환경과 문화예술, 문화관람 등 문화 파급효과가 고르게 나타났다. 반면, 평균보다 고소득층은 축제에서는 문화적 파급효과가 미치지 못하

---

100) 임영숙, "지역브랜드공연의 도시 활성화 효과에 관한 연구", (박사학위논문, 가톨릭대학교 대학원, 2013), 25-60.
101) 변상호, "문화예술 영역별 소비향유가 문화적 자기 효능감 및 지식에 미치는 영향과 그 성별 차이에 관한 연구", 「문화정책논총」32(3) (2018): 23-26.

지만, 축제를 제외한 주변의 문화 환경과 문화예술, 문화관람 등은 문화파급 효과가 나타난다.102)

문화적 파급효과는 개인 선호와 취향에 따라 각기 다르게 표출된다. 이로 인해 문화관광의 문화적 파급효과를 위해서는 문화 향유층의 합리적인 수요를 창출할 수 있는 실질적인 연계 프로그램이 도출되어야 한다. 그뿐만 아니라 문화관광은 관광객들이 선호하는 지역의 문화콘텐츠가 지역의 정체성과 가치를 담고 있어야 문화적 파급효과를 꾀할 수 있다.

3) 집객적 효과

문화관광을 통한 집객적 효과는 지역의 경제, 문화, 사회 전반적인 영향을 미친다. 주 52시간 근무 상한제는 국민의 삶의 질의 변화를 통해 문화관광의 집객적 효과에 영향을 미치고 있다. 노동시간의 감소는 국민들로 하여금 일과 휴식의 발란스에 대한 워라밸 삶이 중요한 화두가 되었다. 문화관광은 문화시설 개선을 통해 관광객을 유도한다. 박명서는 집객시설을 고객을 유입하는 흡인력 있는 시설 혹은 유동성을 유발하는 시설이라고 설명하였다. 하드웨어 요소로는 박물관, 테마파크, 엔터테인먼트 복합몰 등이 있으며, 소프트웨어로는 축제와 이벤트가 포함된다. 성공적 집객시설은 지역의 정체성 창출과 단계적 지속개발, 적정 사업의 구조유지, 소프트웨어의 중요성, 전문가의 활용, 각 섹터별 협력이 필요하다.103)

문화관광의 집객적 효과는 축제를 개최하는 지역이 축제를 개최하지 않는 지역에 비해 집객효과가 있는 것으로 나타났다. 그러나 기존의 여

---

102) 정보람·전인수, "소득수준과 문화적 여건이 행복감에 미치는 영향", 「문화정책논총」 31(1) (2017): 45-47.
103) 박영서, "성공적 집객시설 조성방안", 「한국관광정책」 26 (2006): 92-94.

가와 문화콘텐츠를 다양하게 확보하고 있는 지역의 경우는 여러 방문 동기를 가진 방문객들로 인해 방문 효과의 중복으로 축제의 집객 효과가 낮다. 이와 반대로 문화관광의 역량이 미흡한 지역에서의 축제는 집객효과가 있는 것으로 나타났다. 따라서 축제 등 단발성 집객효과는 여가 문화콘텐츠 등 문화관광 기반이 취약한 지역이 효과적이다.104) 축제의 집객효과는 일정기간 동안 만에 이루어지는 것으로 문화관광의 집객 파급효과를 지속적으로 이어가기 위해서는 지역의 다양한 자원과의 연계가 이루어져야 한다.

관광인프라 시설 조성은 관광객의 편의성 제공, 정주형 생활권자들의 지역 정체성과 경제적 혜택을 가져오게 한다. 그리고 도심형 복합시설 (UEC, Urban Entertainment Centers)형 쇼핑몰은 집객 효과가 큰 것으로 알려져 있다. 관광인프라 시설은 관광객들의 편익 제공과 정주형 생활권자들의 다양한 욕구를 원스톱 방식으로 충족시킬 수 있는 시설로, 쇼핑, 비즈니스, 오락 등의 기능을 한 자리에 집적하여 집객효과를 극대화할 수 있다.105) 복합테마 공간은 도시 내 문화관광객을 유인하는 집객력을 가지고 있다. 예를 들어 서울시 강남구에 위치한 코엑스몰은 식음, 의류, 서적·음반, 영화관, 아쿠아리움 등의 다양한 시설들이 집객 되어 많은 사람들을 유인하고 있다.

일본 후쿠오카의 캐널시티 하카타(CANAL CITY HAKATA)는 도시리조트 시설로서 내부에는 업무시설, 쇼핑과 식음료 그리고 놀이와 문화 향유 등의 모든 기능을 모아 많은 사람들의 집객을 유인하고 있다. 캐나다의 웨스트 에드몬드 몰은 도심의 엔터테인먼트 시설로 스케이트 링크부터 미니골프장에 이르기까지 다양한 어뮤즈먼트(Amusement)

---

104) 이용관·김혜인, "지역 문화 관광 역량에 따른 축제의 집객 효과 분석", 「문화정책논총」 28(2) (2014): 162-167.

105) 문화체육관광부, 「국립아시아문화전당 주변 관광인프라시설 개발방안 수립 및 조사연구 (2018): 64-69.

시설을 갖추고 있다. 테마파크는 개발에 있어서 다양하고 개성적인 콘셉트로 이벤트 개발 중심의 지역문화를 지원하면서 고객층을 확대하고 있다.106) 이와 같이 복합 테마 공간은 도시의 활력을 주는 중요한 기능을 수행하지만 지방의 도시들은 대규모 집객시설의 개발이 용이하지 않다. 따라서 지역의 복합테마 공간은 이동인구가 많은 재래시장을 중심으로 관광 특성화 거리를 설정하여 쇼핑과 오락 그리고 문화 향유 등의 집객시설로 전환할 필요가 있다.

문화관광을 통한 집객적 파급효과는 하드웨어인 집객시설과 소프트웨어인 문화콘텐츠의 결합을 통해 문화소비자들의 만족도를 이끌어 낼 수 있다. 국민은 여가생활이 늘어나 일상에서의 작은 행복을 의미하는 소확행(小確幸)의 시대를 살면서 흥미와 관심을 유발하는 문화콘텐츠의 즐거움을 소비하고 있다. 집객 효과는 문화관광의 중요한 키워드로, 충분한 시간 동안 홍보 활동과 함께 관광객들의 매력 가치를 높일 수 있는 이벤트와 프로모션 등이 효율적 효과를 얻을 수 있어야 한다.

▌미국의 어뮤즈먼트 파크와 일본 후쿠오카의 캐널시티 하카타
© https://www.google.co.kr/

---

106) 김향자·유지윤, "도시관광 진흥방안 연구," 「한국관광연구원」(2000): 73-110.

3. 문화관광의 체험

　문화관광의 체험은 단순히 관광지를 관람하고 이해하는 것에서 벗어나 그 지역의 문화와 연계성을 갖게 한다. 관광객들은 체험을 통해 이타문화에 궁금증을 충족하게 된다.107) 파인과 길모어(Pine & Gilmore)는 기존의 산업기반에서 제품과 서비스를 분리하여 경제의 확장을 일으켰듯이 서비스에서 체험을 분리하여 새로운 경제적 가치를 창출할 수 있다고 제언한다. 파인과 길모어(Pine & Gilmore)는 경제적 가치의 변화를 첫째, 범용품의 추출 둘째, 제품의 제조 셋째, 서비스의 배달 넷째, 체험의 무대화라고 설명하고 있다.

　파인과 길모어(Pine & Gilmore)는 경제적 가치의 변화 개념을 오그든 코퍼레이션(Ogden corporation) 기업을 대표 사례로 들고 있다. 오그든 코퍼레이션은 시설물 청소에서 시작하여, 식품 서비스, 티켓 발매, 양키스타디움에 체험상품을 지원하는 사업으로 특화하여 서비스 사업을 이어나가 수십 억 달러의 기업 가치를 올렸다. 심지어 최초로 영화관에서 팝콘을 판매한 것으로도 유명하다. 오그든 코퍼레이션은 체험이 기업이 제공하는 제품이 아니라 소비자라는 것을 인지하였다.

　기업들은 파인과 길모어(Pine & Gilmore)의 경제적 가치의 네 번째 변화인 체험의 무대화를 앞 다퉈 도입하고 있다. 이는 기업의 가치

---

107) 김영주, "문화관광지의 교육적 체험이 관광만족과 행동의도에 미치는 영향: 청소년 여행자를 중심으로", (석사학위논문, 대구대학교 교육대학원, 2004), 25-28.

가 소비자들에 대한 체험의 서비스 영역을 확대할 때 상승된다는 것을 정량적으로 측정할 수 있기 때문이다. 아메리칸 익스프레스는 멤버십 리워드 프로그램으로 열대우림 영상축제로 유명한 사진작가와 함께 사진 워크숍에 카드사 회원을 초대하는 독특한 체험을 제공하고 있다.108)

파인과 길모어(Pine & Gilmore)가 신흥경제로 제시한 체험이라는 상품은 최근 관광 연구에도 활발하게 적용되고 있다. 체험의 4가지 요소는 유형의 제조상품과 무형의 서비스상품과는 달리 구매자들로 하여금 가치 있는 상품으로 오래도록 기억하게 하는 이끌림이 담겨있다.109) 박수경 외는 파인과 길모어(Pine & Gilmore)의 체험요소는 문화관광의 차별화된 경쟁력과 포지셔닝을 구축할 수 있다고 설명한다.110) 손해경은 다양한 목적을 가진 관광객들의 만족할만한 관광지 이미지 구축과 제고를 위해 체험경제학(4Es)2) 전략을 제언하고 있다.111) 파인과 길모어(Pine & Gilmore)의 체험경제학은 체험의 구성 요소를 교육적 체험과 오락적 체험 그리고 심미적 체험과 일탈적 체험 등 4가지 요소(4Es)로 아래 그림과 같이 분류하고 있다.112)

108) Pine II, B. J. and J. H. Gilmore, 「체험의 경제학」, 김미옥 역 (서울: 21세기북스, 2010): 47-48.

109) Pine II, B. J. and J. H. Gilmore, 「체험의 경제학」, 55-81.

110) 박수경·박지혜·차태훈, "체험요소(4Es)가 체험즐거움, 만족도, 재방문에 미치는 영향", 「광고연구」 76 (2007): 56-57.

111) 손해경, "체험경제학(4Es) 접근의 인천 섬 자원 활용 방안에 관한 연구", 「IDI 도시연구」 10 (2016): 49-59.

112) Pine II, B. J. and J. H. Gilmore, 「체험의 경제학」, 60-71.

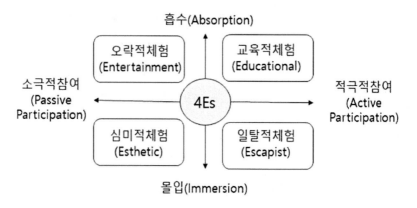

B. Joseph Pine II and James H. Gilmore, Welcome to the Experience Economy, Harvard Business Review Press, 1998 p.102
그림 발췌 및 재가공(The Four Realms of an Experience)

▌체험경제이론 요소

체험경제이론에서 수평축은 관람자의 참여 정도를 말하는 것으로 한 쪽에는 소극적 참여(Passive Participation)가 다른 한쪽 끝에는 적극적 참여(Active Participation)가 자리 잡고 있다. 소극적 참여는 관람자가 단순히 관객이나 청중의 입장에서 이벤트에 직접적 영향을 미치지 않고 관람하는 것으로 공연, 영화, 드라마 관람이나 시청 등을 들수 있다. 적극적 참여는 관람객이 직접 이벤트에 영향을 미치거나 체험을 이끌어내는 것으로 테마파크, 체험관, 과학관, 게임, 카지노 등이다. 수직축은 관람객과 이벤트를 결합시키는 연관성이나 환경적 관계를 나타내는 것으로 한쪽 끝에는 흡수(Absorption)가, 다른 한쪽 끝에는 몰입(Immersion)이 위치하고 있다. 흡수는 TV를 시청하는 것처럼 체험을 마음속에 심어줌으로써 자연스럽게 동화되어 개개인의 관심을 사로잡는 것이고, 몰입은 게임에 빠지는 것처럼 관람객이 육체적으로나 실질적으로 체험에 침투하는 것이다. 4개의 체험 영역은 두 가지 축을 중심으로 생겨나는데, 각 영역은 다른 영역에 배타적이지 않고, 종종

서로 뒤섞여 대상에게 특별한 이벤트를 제공한다.113)

파인과 길모어(Pine & Gilmore)의 체험경제이론 요소(4Es)는 축제콘텐츠 체험, 한류콘텐츠 체험, 서비스콘텐츠 체험 등에 대한 다양한 연구를 통해 문화관광의 체험에 대한 측정요소로도 타당성이 검증되고 있다.114) 파인과 길모어(Pine & Gilmore)의 체험경제이론 요소(4Es)를 근거로 한 문화관광의 체험요소는 관광객 개개인이 문화관광을 체험하고 즐기면서 집중하는 동안에 생성되는 감각적이고 감성적이며 인지적인 행동 가치다.115)

문화관광객의 체험은 텍스트로 이해하는 스토리텔링에 대한 경험을 통해 향유층을 확대하게 하는 단초가 된다. 박기수는 스토리텔링은 체험과, 과정 그리고 향유적 담화라고 규정하며, 텍스트 중심의 스토리텔링이 활성화되기 위해서는 향유자의 향유 중심의 수익, 유통 등이 기대효과에 포함되어야 한다고 설명하였다.116) 문화관광은 정보 전달에 그치지 않고 관광객의 마음을 움직일 수 있는 상태로 만들어야 기억에 남는 관광 경험 통해 재방문 및 추천의도를 이끌어 낼 수 있다.117) 따라서 문화관광지의 체험을 위해서는 스토리텔링을 통한 정보전달이 재방문을 유도할 수 있도록 다양한 체험콘텐츠가 제공되어야 한다. 안창현 외는 행위에서 감각으로 또 감성으로 이어지는 과정을 가리켜 '체험'이

---

113) 김희경, "어린이과학관의 테마파크적 기획설계에 관한 연구: 스토리텔링 기법과 테마파크 개념을 적용한 어린이 과학관 기획을 중심으로", (박사학위논문, 한국외국어대학교 대학원, 2009), 51-52.

114) 김민지·이태희, "수원화성 체험(4Es)이 관광객: 관광지브랜드 관계(BRQ)에 미치는 영향 연구", 「한국사진지리학회지」 24(3) (2014,): 105-106.

115) Pine II, B. J. and J. H. Gilmore, "Welcome to the Experience Economy," *Harvard Business Review* 76(4) (1998): 97-105.

116) 박기수, "디즈니/픽사 프랜차이즈 애니메이션 스토리텔링 전략 연구", 「인문콘텐츠」 34 (2014): 80-83.

117) 한경, "관광해설정보 유용성, 마음충만, 관광경험 및 행동의도간의 구조적 관계", (박사학위논문, 부경대학교 대학원, 2014), 51-52.

라 설명하고 있다. 체험은 직접 겪어 보는 행위를 가리키는데 체험이 반복되고 누적되면 '경험'으로 발전해 지식으로 축적된다.118)

1) 교육적 체험

문화관광의 교육적 체험은 오락적 체험과는 달리 관광객 개개인들의 능동적 참여를 유발하는 특성이 있다. 관광객들은 특성을 가진 체험콘텐츠를 소비함으로서 콘텐츠에 대한 교육적 가치를 원한다. 관광객들은 교육적 체험활동을 하는 동안에는 교육콘텐츠를 자연스럽게 학습한다. 따라서 관광객들은 교육체험콘텐츠를 통해서 무엇인가 학습하고 정보를 습득했다는 교육효과를 체감하는 감정을 지니게 된다. 문화관광의 교육적 체험은 능동적인 참여자들의 교육 효과가 증진된다.

문화관광의 교육적 체험이 참여자들의 만족감을 얻게 되면, 참여자들은 제공하는 콘텐츠 외에도 콘텐츠와 연계되는 정보를 적극적으로 수집한다. 이를 위해 문화관광의 교육적 체험요소는 콘텐츠의 능동적 참여를 이끌어 내는 타깃에 맞는 다양성을 통해 참여자의 즐거운 감성을 이끌어 내야 한다.119)

문화관광의 교육적 체험은 관광객들의 적극적 참여로 인해 몰입도와 학습의 효과가 높다. 따라서 교육적 체험은 이타문화에 대한 지식과 정보로 문화에 대한 이질감을 상쇄함으로써 선입견 없이 좋은 정보를 알려주게 된다. 문화관광의 교육적 체험은 이타문화권에 대한 지식과 이해의 능력을 높여주는 이벤트로 체험의 참여를 유도할 필요가 있다.

---

118) 안창현·유제상·이건웅·임동욱·정지훈, 「새로운 문화콘텐츠학」(서울: 커뮤니케이션북스, 2017): 101-129.

119) Ryan, R. M. and E. L. Deci, "Intrinsic and extrinsic motivations: Classic definitions and new directions," *Contemporary educational psychology* 25(1) (2000): 54-67.

문화관광의 교육적 체험활동은 관광객들의 구성에 따라 주관적으로 행해지기 때문에 교육체험에 대한 정량화 보다는 교육 체험의 과정의 정성적 공감이 더 중요하다. 문화관광의 축제는 자녀를 동반한 가족단위의 참가자 경우, 일반 참가자들 보다 축제의 교육적 효과와 관계있는 프로그램을 선호한다.120) 문화관광의 교육적 체험은 체험·학습을 위한 지식적 체험, 이색적 체험, 모험 등 창의적 체험에 대한 만족도가 높아야 관광객들의 참여도와 만족도를 이끌어 낼 수 있다.121) 문화관광 체험콘텐츠가 교육적 효과를 높이기 위해서는 지역의 역사와 문화자원에 대한 이해와 견문을 넓히도록 해야 한다.

　　영국, 일본, 프랑스, 이탈리아 등 해외에서는 자국의 역사와 전통문화를 문화관광 자원으로 상품화하는 전략을 꾸준히 추진하여 성과를 거두고 있다. 국내에서도 역사와 전통문화자원을 중요한 문화관광의 자산으로 확립하고 있지만, 전통문화자원의 산업적 활용은 더 다양하게 제공되어야 한다. 122) 정민채는 문화관광 체험의 교육성은 관광지를 방문한 관광객들의 활동을 통해 자아실현이라는 가치를 추구하고, 과거의 문화를 체험하고, 자원에 대한 새로운 지식을 습득하는 활동이라고 하였다.123) 이승용은 문화관광 교육적 체험 프로그램이 역사문화축제에서 만족도가 높게 나타났다고 설명하였다.124) 따라서 문화관광은 교육적 체험을 통해 만족도를 높이기 위해 그 지역에만 존립하는 유니크 한

---

120) 오은지·이훈·정철, "가족단위 축제참가자들의 교육적 체험 분석", 「관광레저연구」 23(8) (2011): 414-416.

121) 이가은·김해·이익수, "교육형 축제의 체험프로그램 발전방안 연구", 「한국콘텐츠학회 종합학 술대회 논문집」(2010): 282-284.

122) 김상태, "역사·전통문화 체험 관광 활성화 방안", 「한국관광연구원 기본연구」 (2014): 119-134.

123) 정민채, "역사문화유적지의 교육성·브랜드 가치·선택속성이 관광만족 및 행동의도에 미치는 영향", (박사학위논문 경희대학교 대학원, 2009), 17-26.

124) 이승용, "역사문화축제에서의 축제서비스 만족도와 교육적 만족이 행동 의도에 미치는 영향", 「한국고등직업교육학회논문집」11(4) (2010): 329-340.

역사문화자원이 체험콘텐츠로 활용되어야 한다. 문화관광의 교육적 체험이란 교육콘텐츠를 체험하는 참여자들에게 관련된 콘텐츠의 가치와 지식의 학습을 통해 문화관광 활동을 지각하게 하는 것으로 정의한다.

2) 오락적 체험

문화관광의 오락적 체험은 관광지를 방문한 관광객들이 다양한 문화콘텐츠를 경험하면서 느껴지는 즐거움이다. 문화관광은 관광지에서 제공하는 축제와 이벤트 그리고 향토음식 등에 대한 즐거움으로 관광객 개개인의 취향과 선호도에 따라 다르게 나타난다. 문화관광의 오락적 체험은 일상생활에서 느낄 수 없는 즐거운 감정으로 흥미롭고 독특한 감정 상태다.

일반적으로 엔터테인먼트로 체험은 문화예술과 관련된 공연예술에 접하거나 독서와 영화 감상 등의 관람 위주의 소극적 체험을 통해 흡수된다. 문화관광의 오락적 체험은 체험을 소극적으로 소비하는 것이 아니라 체험에 적극적으로 참여하는 것이다. 따라서 문화관광의 오락적 체험은 관광객들이 오감을 통해 전해지는 즐거움과 재미의 감성적 체험이다.125)

문화관광 오락체험은 엔터테인먼트관광을 통해 시도할 수 있다. 엔터테인먼트관광은 놀이, 재미, 쾌락, 오락과 같은 이용객의 심리 가치와 편익만족, 성취감, 유익함이 통합되어 있다. 엔터테인먼트는 인간 내면에 즐거움을 창조하고 즐기려는 본능인 욕구를 담고 있다.126) 문화관

---

125) 허중욱·김진동, "지역주민과 방문자의 문화관광축제에 대한 고유성과 오락성 향유", 「관광연구저널」 21(4) (2007): 85-99.
126) 박미숙, "엔터테인먼트관광 개념에 대한 재고찰", 「관광연구논총」 28(4) (2015): 3-30.

광의 오락적 체험은 다양한 관광객들이 몰입할 수 있는 체험의 특성을 가지고 있어야 한다. 관광객들의 적극적인 참여는 감성적인 즐거움을 통하여 체험으로 기억하고 재구매에 많은 영향을 미친다.

관광객들은 온라인을 통한 관광지의 정보선택에 있어 오락적 체험 정보가 있는 곳을 선호한다. 관광객들은 오락적 체험 정보가 제공하는 오감을 자극하는 재미 요소를 직접 경험하고 싶어 한다. 관광영역에서 오락은 일상생활에서 생각하는 문화예술 등을 통해 얻는 즐거움과 다르다. 일상생활의 오락체험은 취미생활의 연장선상으로 수동적인 체험을 소비하는 형태이지만, 문화관광의 오락체험은 능동적 참여로 재미 요소를 느끼는 체험이다.[127] 문화관광의 오락체험은 오감을 자극해서 개인적인 본능을 이끌어 내기 때문에 체험의 선택이 개인별 다르게 나타난다. 즉, 물을 좋아하는 관광객들은 오락적 체험콘텐츠에서 물과 관련된 프로그램을 선호하지만, 물을 좋아하지 않는 관광객들은 물과 관련된 오락프로그램을 선호하지 않는다.

최근 유행하는 집라인(Zipline)이나 번지점프(Bungee Jump)는 누구나 다 선호하는 오락적 체험콘텐츠가 아니다. 고소공포증이 있는 관광객은 오락적 체험이라 하더라도 선택할 수 없다. 문화관광의 오락적 체험은 최첨단 디지털 기술의 발달로 AR과 VR로 대체되고 있다. 문화관광지에서의 체험하는 가상·증강현실 콘텐츠는 개개인이 안고 있는 한계를 극복할 수 있는 콘텐츠다. 최근에는 가상현실을 활용한 실감형 콘텐츠가 다양하게 적용되고 있다.

특히 문화관광의 오락적 체험콘텐츠는 스마트 관광으로 활용되면서 관광지에 직접 가지 않고도 개인의 취향에 맞는 체험을 해볼 수 있다. 이를 위해 문화관광지에서는 가상현실 증강현실 콘텐츠를 체험할 수 있

---

127) 현용호, "온라인 이용동기에 따른 온라인 관광정보, 태도, 구매의도간의 구조적 영향 관계 고찰", 「관광레저연구」 20(1) (2008): 109-128.

도록 콘텐츠의 3D 모델이 유입되고 있다.128) 문화관광의 오락적 체험을 통해 향교·서원의 오락적 체험에 대한 정의는 체험이 즐거운지, 내 마음을 사로잡는 특별한 것인지, 재미가 있는 것인지로 정리하였다.

3) 심미적 체험

심미적 체험은 단순히 미적 아름다움을 체험하는 것이 아니라, 미를 심사하는 체험을 통해 아름다움을 심사하며 판단하는 것이다. 따라서 심미적 체험은 사적 감각이 아니라 열려 있는 보편적 감각이다.129) 문화관광의 심미적 체험은 관광객들이 체험활동을 위해 몰입할 수 있는 환경적 조건에 대한 반응체계다. 따라서 심미적 체험경험은 개별적인 질적 특성을 훼손하지 않고 파악하는데 고유성이 있다.130)

심미적 질서는 사람들의 경험과 사유를 통한 가치 체계다.131) 따라서 문화관광에서 심미적 체험은 관광객들의 참여가 소극적인 특징을 갖는다. 심미적 체험은 캐나다 벤쿠버의 스탠리파크(Stanley Park)에서의 울창한 숲을 걸을 때나, 나이아가라 폭포를 마주할 때와 같은 대자연에 관한 신비롭고 아름다움에서도 오지만 지역의 특산물로 만든 멋진 식탁에서 맛있는 음식을 먹을 때도 생각할 수 있다. 심미적 특징을 느끼는 사람들은 인위적이든 자연적이든 그곳에 머물기를 원한다. 심미적 체험은 가치몰입이라는 특징으로 표현된다. 즉 문화관광의 심미적 체험이란 관광객들이 관광지의 심미적 요소를 체험하고 감상하며 몰입하는

---

128) 이종욱·우운택. "3차원 지도 연동 디지털 트윈을 활용한 스마트 관광 현황 및 전망", 「정보와 통신」 36(10) (2019): 55-62.

129) 문황훈, "심미적 감성에 대하여", 「감성연구」 4 (2011): 31-71.

130) 최준호, "심미적 반성 활동과 예술의 경험적 고유성: 칸트의 논의를 중심으로", 「칸트연구」 14 (2004): 147-168.

131) 김영건, "상관적 사유와 심미적 질서", 「철학논집」 26 (2011): 165-193.

감성이다.

관광객들은 관광지의 자연생태 환경에서 제공하는 다양한 미적 대상을 오감을 통해 감상하고 공감하면서 감성으로 축적한다.[132] 심미적 체험에 참여하는 관광객들은 관광지의 심미적 요소에 몰입하지만 관광객들은 관광지의 심미적 구성 요소와는 무관하여 심미적 요소 자체에 몰입하면서 낯선 곳에서 느낄 수 있는 여행자의 특권인 설렘과 편안함과 즐거움을 누린다.[133]

도스토예프스키가 1860~1870년대 독일, 프랑스, 이탈리아 스위스 등 서유럽을 여행하고서 남긴 기록을 보면 열여섯 살부터 40여 년 동안 꿈꿔왔던 서유럽을 방문하는 설렘 가득한 글귀를 대할 수 있다. 도스토예프스키는 성스런 기적의 나라로 오랜 동경과 기다림 속에 신앙으로까지 굳어진 나라로 들어가고 있다는 심경을 글귀로 남겼다. 도스토예프스키는 낯선 여행지에 대한 심미적 체험은 설렘으로 나타냈다.[134] 김영건에 의하며 심미적 질서는 경험의 사유라는 것이 적용되며, 윤종영은 심미성을 주관적 내면의 감수성으로 내면의 변화를 드러내 보이는 감성이며 주관적인 감성적 성향이 심미적 체험에 변화 요인이 될 수 있다고 하였다.[135]

132) Pine II, B. J. and J. H. Gilmore, "Welcome to the Experience Economy," 97-105.

133) Oh, H., A. M. Fiore and M. Jeong, "Measuring experience economy concepts: tourism applications," *Journal of Travel Research* 46(2) (2007): 119-132.

134) F.M. 도스토예프스키, 「도스토예프스키의 유럽인상기」 이길주 역, (푸른숲 1999): 19-40.

135) 윤종영, "심미적 체험 중심 고등학교 음악교육 프로그램 개발 및 적용"(박사학위논문 건국대학교 대학원 2013), 133-141.

4) 일탈적 체험

문화관광의 일탈적 체험은 일상에서 벗어난 경험을 통해 관념적 자아의 틀에서 벗어나게 한다. 일탈적 체험을 통한 각종 모험은 자신의 성취감으로 자기 향상을 최적화하게 한다. 특히 일탈적 체험에서 재미 체험은 일상을 이완하게 하여 일상에서의 탈출로 인한 해방감, 자연과의 교류, 대인과의 교류가 확장된다.136) 따라서 문화관광의 일탈적 체험은 재미를 통한 자기표현감과 신체적 역동감 등이 수반된다.

일탈적 체험은 관광지에서의 특별한 경험을 통해 일상으로부터 벗어난 해방감을 만끽하고 다시 일상으로 돌아오면서 느끼는 해방감이다. 문화관광의 일탈적 체험은 관광객들에게 가장 빈번하게 일어나는 관광동기 중의 하나다.137) 일탈은 현실도피라고도 하며, 일탈적 요소는 일상의 환경과는 다른 체험 요소를 갖고 있다. 문화관광에서 일탈체험은 체험 당사자들에게 가장 적극적인 참여를 유발하는 체험요소 중 하나다. 일탈체험은 참여자들에게 현실에서의 해방된 신기함과 색다른 일탈의 체험을 제공한다.138)

어린이의 놀이성은 지각적 자발성, 사회적 자발성, 물리적 자발성, 현재적 기쁨, 유머감각 등을 강조하며, 성인의 놀이성은 즐거움을 얻기 위한 활동이다.139) 일탈적 체험은 완벽한 비율에서 탈피하여 형태를 무너뜨리는 재구성에 의한 아름다움의 표출로 변형을 통해 관념적인 것

---

136) 고동우, "여가동기, 여가체험 행동: 이추동모형과 이통로 여가체 험모형", 「한국심리학회지: 소비자 광고」 3(2) (2002): 1-23.

137) Prentice, R., "Tourist motivation and typologies," *A companion to tourism* (2004): 261-279.

138) Pine II, B. J. and J. H. Gilmore, "Welcome to the Experience Economy," 97-105.

139) 이훈·최일선, "놀이성에 따른 일탈 행동의 차이분석", 「관광학연구」 36(9) (2012): 241-260.

을 부정하는 것이다.140) 일탈적 여가 경험은 삶의 만족에 간접적으로 영향을 미칠 것이고, 또한 삶의 질 향상에 공헌한다.141) 그러므로 문화관광의 일탈적 체험은 관광객 중 놀이성이 높은 사람에게 일탈 행동이 높다. 따라서 놀이성이 높은 사람은 사회규범의 일탈적 측면에서도 사회적 일탈과 육체적 일탈 모두에서 높게 나타나고 있다.

문화관광에서의 일탈적 체험은 기존의 고정된 형식과 사고에서 탈피하여 다양한 형태로 변형된 체험콘텐츠다. 세계적으로 유명한 문화관광축제에서 사례를 찾을 수 있다. <토마티나(La Tomatina)>는 매년 8월 마지막 주 수요일 스페인 부뇰에서 열리는 토마토축제인데, 일탈적 체험 축제로 유명하다. 축제의 기원은 잘 알려진 것처럼 1944년 당시 스페인 부뇰(Bunol)의 토마토 값이 대폭락하면서 이에 분노한 농부들이 시의원들에게 토마토를 던진 것이 유래다. 현대에 와서 토마토축제는 축제현장에 참가한 관광객들이 1시간가량 서로에게 토마토를 던지면서 일탈을 체험한다.

국내에도 토마토가 특산물인 경기도 광주시가 매년 6월 <퇴촌토마토축제>를 개최하고 있다. 스페인 <부뇰 토마토축제>의 일탈적 체험이 토마토 던지기라면 <퇴촌토마토축제>는 토마토 풀장이 일탈적 체험이다. 김규원은 축제를 가장 축제답게 하는 것은 일탈이라고 설명하였다.142) 축제에서의 일탈은 일상의 삶에서는 할 수 없는 해방을 가질 수 있다. 구선영은 축제에서의 일탈성 체험이 관광객들에게 축제의 만족감에 긍정적인 영향을 미친다고 설명하였다.143) 일탈적 체험은 관광

---

140) 권하진. "현대 예술과 패션에 나타난 일탈성의 비교 고찰", 「한국디자인문화학회지」 20(3) (2014): 50-63.

141) 고동우·김병국, "진지성 여가경험과 긍정심리자본 및 삶의 질의 관계구조", 「소비자광고」 17(1) (2016): 179-198.

142) 김규원, "축제의 비일상성과 색채의 역할", 「한국색채학회 학술대회」(2005): 3-6.

143) 구선영, "모험관광객의 체험이 플로우, 만족, 심리적 행복감 및 삶의 질에 미

객들 간의 친밀도를 높여 축제 개최의 목적을 달성하게 한다. 그러나 관광지의 일탈적 체험문화는 익숙하지 않은 사람들을 위한 일탈적 체험 콘텐츠 개발도 필요하다. 이 책에서는 일탈적 체험은 체험을 경험하는 관광활동과 관광지에 대한 몰입으로 정의하였다.

▌스페인 부놀 토마토축제
ⓒ https://www.latomatinatours.com/

치는 영향 연구", (석사학위논문, 경희대학교 대학원, 2018) 75-80.

4. 체험콘텐츠의 영향

　문화관광은 체험콘텐츠를 경험하지 않은 관광객들 보다 경험한 관광객이 관광 후 평가에 미치는 영향은 매우 크다. 관광객의 실존적 체험은 관광 만족도 및 추천, 재방문의도를 포함하는 관광 후 평가를 제고하며, 제공한다.144) 문화관광 체험은 관광대상지의 평가 결과에 따라 연결고리와 동일시 체험을 유도하는 커뮤니티의 네트워크에도 영향을 미친다. 뉴미디어 시대의 관광객 네트워크는 체험 객들의 실존체험에 대한 피드백을 통해 바이럴 마케팅이 된다. 소속된 커뮤니티의 네트워크는 체험 후 평가에 대해 자신의 체험에 대한 예측과 체험에 대한 동기부여를 갖는다.

　최근 지역의 관광에 대한 수요는 SNS에서 사용자들이 일상을 주제로 인맥 형성을 하고 있어 오픈된 커뮤니티의 경험정보가 인맥 형성의 주요한 수단이 되고 있다. 관광객들은 소셜 네트워크를 활용하여 몰입도와 구매에 영향을 미친다.145) 이러한 특징을 통해 관광 활성화를 위한 여행 기업은 소셜 네트워크 서비스(SNS)에서 몰입될 수 있도록 정보 및 플랫폼을 제공하면 구매 효과의 확대를 이룩할 수 있다. 관광객 유입이 관광수요에 미치는 영향요인은 매우 다양하지만 영향력이 큰 요

---

144) 최정자, "진정성 체험이 문화유산 관광 후 평가에 미치는 영향", 「관광학연구」 38(2) (2014): 11-32.
145) 김현주, "관광자의 소셜네트워크서비스(SNS) 활용특성이 몰입도와 여행구매의도에 미치는 영향", (박사학위논문 경기대학교 대학원, 2012), 157-165.

인은 관광수용 태세이며, 차별화된 콘텐츠의 보유 여부에 따라 지역 간
차이가 결정된다. 따라서 국내의 많은 지방자치단체에서는 다양한 콘텐
츠 확보를 위해 정부 공모사업 유치 등 전 방위적 노력을 하고 있다.
관광객 유치 경쟁은 콘텐츠 품질과 편익성 제공으로 연결된다.146) 문
화관광 콘텐츠 체험 평가는 관광지의 체험요소에 대한 품질과 편익성
경험에 대한 피드백을 하게 한다. 이 책에서는 문화관광 콘텐츠의 교육
적, 오락적, 심미적, 일탈적 체험 후 평가를 관광만족도 및 추천의도로
구분하여 정리하였다.

1) 관광만족

문화관광의 관광 만족은 관광객들이 관광콘텐츠 서비스를 경험하고
서비스에 대한 주관적 평가에 대한 감성 반응이다.147) 문화관광에서의
관광만족의 기준은 관광객들이 관광콘텐츠 및 체험에 대한 서비스 만족
도가 가장 중요한 기준이다. 따라서 관광의 만족도는 관광객들이 체험
한 경험에 의해 발생된다.148)

관광만족은 체험하고 경험한 소비에 대한 가치다.149) 관광객들의 경
험에 대한 만족도는 체험에 대한 결과적 측면에서의 만족도로 경험 후
의 평가다. 따라서 문화관광의 관광 만족은 전체 경험에 대한 태도이

---

146) 곽강희, "지역관광환경이 방문객 사후평가에 미치는 영향", 「관광레저연구」
31(10) (2019): 29-43.

147) 송학준·최영준·이충기, "4es 이론에 따른 축제 방문객의 충성도 연구", 「관광
연구」 25(6) (2011): 179-198.

148) 김본수·배무언, "인터넷 오픈마켓의 e-서비스 품질이 지각된 가치, 고객만족
및 e-충성도에 미치는 영향에 관한 연구", 「한국산업정보학회」 15(4) (2010):
83-101.

149) Oliver, R. L., "A Conceptual Model of Service Quality and Service
Satisfaction: Compatible Goals, Different Concepts," *Advances in Services
Marketing and Management* (2) (1993): 65-85.

며150) 관광객이 관광지에 대해 가지고 있던 기대감과 실제의 경험 간의 차이에 대한 결과151) 그리고 불일치의 경험에 대한 감정과 미리 보유했던 감정으로 인해 복합적으로 야기될 수 있는 심리로 나타난다.152)

평가 측면에서의 관광객의 만족도는 최소한으로 기대하였던 것에 대한 경험의 평가다. 관광객들이 미리 갖고 있는 관광 만족은 절대적인 만족이 아니라 학습된 정보에 의한 상대적인 만족으로 표준적 만족 측정치이다. 표준적 만족 측정치는 경험에서 도출된 개인적 기대(시간적 비교)와 다른 곳에서의 개인적 성취(공간적 비교)와 다른 사람들에게서부터 파악된 만족 수준(사회적 비교)이다.153)

관광객의 관광만족은 소비 후의 체험에 관한 전반적인 평가에 초점이 맞춰져 있다. 따라서 관광만족은 관광객 개개인이 구체적인 서비스 내용을 체험한 경험에 대한 만족이 반영된다. 관광객들은 그들의 경험을 기대치와 비교하여 결과적으로 긍정적 혹은 부정적 불일치로 나타난다. 관광만족에서 관광객들이 감정에 대한 반응은 관광 체험콘텐츠의 서비스의 소비자 만족도를 측정하는 근거를 마련한다.154)

관광만족은 서비스 제공자가 관광객의 체험관점에서 제시되는 내용에 대한 평가의 결과이다.155) 그리고 체험만족은 구체적 체험에 관한

---

150) Lounsbury, J. W. and J. R. Polik, "Leisure Needs and Vacation Satisfaction," *Leisure Science* 14(2) (1992): 105-111.

151) 오은아, "주제공원 이벤트가 방문객의 만족형성에 미치는 영향: E사를 중심으로", (석사학위논문 경희대학교 대학원, 2006): 17-26.

152) Dann, G., "Tourist motivation: An appraisal," *Annals of Tourism Research* (18) (1979): 53-62.

153) 황종규·엄홍석·이명숙, "지역축제 방문자 만족의 영향요인에 관한 연구: 풍기 인삼축제를 중심으로", 「한국행정논집」 17(2) (2005): 313-337.

154) Bigné, J. E, Andreu, L. & Gnoth, J., "The theme park experience: An analysis of pleasure, arousal and satisfaction," *Tourism Management* 26(6) (1993): 833-844.

관광객의 태도로 평가된다. 문화관광의 관광만족은 체험콘텐츠를 이용한 후 서비스에 대한 평가로 이용 전과 이용 후에 대한 감정 반응이다.156) 한숙영 외는 한산모시축제에 참가한 관광객들의 체험활동에서 특산물 프로그램의 관광만족도는 교육체험과 함께 오락체험이 영향을 미쳤으며, 신체적 활동 프로그램의 관광만족도는 오락체험과 가치몰입 체험이 영향을 미치는 것으로 나타났다.157) 온라인 플랫폼을 통한 글로벌한 연결망은 관광만족도를 통한 문화관광지의 브랜드 가치를 점유할 수 있는 특징이 있다. 산업자원이 부족한 우리나라에서 문화관광의 만족도 제고는 공해 없는 산업으로서 미래가치를 담고 있다. 특히 문화관광의 역사와 전통의 문화적 다양성에 가치를 둔 문화관광의 관광 만족도 제고는 국가의 관광 브랜드를 격상시키는 기회가 된다.

① 관심

문화관광에 대한 관심은 이타문화에 대한 호기심과 욕구 충족으로부터 이루어진다. 관광객들은 자신의 관광 욕구에 따라 관광지를 선택하고 관광지에 대한 가치를 부여한다. 따라서 문화관광지에 대한 관심을 유도하기 위해서는 관광지에 대한 이미지가 중요한 영향을 미친다. 문화관광지의 특정 이미지는 잠재 관광객의 목적지 결정에 촉매제 역할을 한다.158) HRI(Hotel & Resort Insider)에서 제시한 관광객의 관심

---

155) 전귀연·김미성·하동현, "관광객체험이 체험품질, 체험만족 및 애호도에 미치는 영향에 관한 연구", 「관광연구」25(2) (2010): 271-292.

156) Oliver, R. L., "Cognitive Affective and Attribute Bases of the Satisfaction Response," *Journal of Consumer Researc*, 20(3) (1993): 418-430.

157) 한숙영·엄서호, "Pine-Gilmore의 체험영역 모델에 관한 검증: 한산모시축제 체험활동 참가자 만족을 중심으로", 「관광학연구」 29(2) (2005): 131-148.

158) 이은정·이철우·박순호, "해외관광지에 대한 인지와 선호", 「관광지리학」 8

에 따른 관광 유형 12가지는 문화관광의 체험관광에 있어 시사하는 바가 크며 이를 정리하면 아래 그림과 같다.

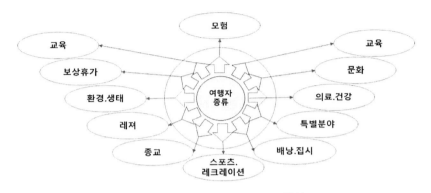

▌관심 별 관광 유형에 대한 모형[159]

HRI는 2006년에 시작한 인터넷기반을 둔 여행사로 레저, 사업, 회의, 컨퍼런스 여행, 지속 가능한 여행을 위한 호텔과 리조트, 스파 등을 제공해 주는 업체이다. HRI이 분류한 관광 유형에서 인센티브 관광객은 휴가패키지로 직장에서 얻은 업무에 대한 보상여행이며, 건강·의료관광은 자국에서 특별한 치료는 비용이 많이 들기 때문에 비교적 비용이 저렴한 국가에서 며칠 동안 머물면서 치료를 받는 여행이다. 비즈니스 여행은 사업관계상 타국 여행을 의미한다. 교육관광객은 워크숍 등학습에 참석차 하는 여행이고, 모험관광객은 암벽등반, 강에서 래프팅(rafting), 스카이다이빙, 상어동굴다이빙, 번지점프 등과 같이 모험을 즐기는 여행자들이다.

또한 문화관광객은 문화축제, 세계유산 등 다양한 문화의 본질을 경

(1998): 83-105.

159) https://www.horseraceinsider.com/(2019.07.14.) Hotel & Resort, The different types of tourists in tourism industry, Insider(HRI) LLC. (2007) 내용 발췌 및 그림으로 재구성함.

험하려는 여행자들이며 환경·생태관광객은 인간의 접촉이 없는 자연의 생태를 좋아하거나 관찰을 하고 레저관광객은 일상적인 단조로운 생활에서 벗어나서 활력을 되찾기 위해 휴식을 즐기려는 여행자들이다. 종교관광은 종교의 원산지인 사우디의 메카, 이스라엘의 예루살렘, 인도의 바라나시, 로마의 바티칸 등과 같은 곳을 방문하는 순례여행자들이다. 그리고 스포츠와 레크리에이션 관광객은 세계적으로 인기가 많은 축구, 테니스, 마라톤, 카누대회 등 체육적인 활동에 참석하기 위한 여행자들이며, 특별관광객은 STI(Special Interest Tourist)라고도 하며, 조류관찰, 음식과 와인의 맛 여행 등 특별한 취미를 위하여 여행하는 사람들이고 배낭여행 또는 집시여행은 특별한 여행 일정이 없이 제한된 예산으로 여행하는 사람들로 특히 젊은이들은 배낭여행을 좋아한다.[160]

관광객들은 문화유산 관광지들이 어떤 문화유산과 역사적 가치가 있는지 잘 알려지지 않아 문화유산 관광지 주변 환경에 대한 관심이 위락 위주로 지각되고 있다. 따라서 관광 유형의 관광객들의 관심도에 따라 타깃층을 세분화할 필요가 있다.[161]

② 호감

문화관광의 호감은 관광지에 대한 문화의 호감에서부터 시작된다. 문화관광의 호감의 긍정적인 평판은 호감도, 신뢰도의 관계형성에서 관광지로의 선호도가 높다.[162] 문화관광지에 대한 가이드북이나 홍보영상

---

160) http://www.hotelresortinsider.com(2019.09.05)

161) 녕수연, "문화유산 관광지의 선택속성이 만족도 및 행동의도에 미치는 영향", (박사학위논문, 호남대학교 대학원, 2012), 49-85.

162) 이흥표, "평판의 위력: 사회적 평판이 호감과 신뢰 및 선호도에 영향을 미치는가?", 「문화 및 사회문제」 17(3) (2011): 261-285.

은 관광지에 대한 호감을 줄 수 있는 매개체다. 서울관광재단(Seoul Tourism Organization)에서 발간한 『Seoul Official Tourist Guide』는 한국을 방문하는 외국인 관광객에게 많은 정보를 제공하고 있다. 문화관광의 호감을 높이기 위해서는 관광지의 감추어진 매력을 전달하는 홍보체계가 필요하다. 홍보에서는 구전 마케팅의 평판을 위한 신뢰성 구축 또한 중요하다. 소셜미디어의 발달로 초연결 사회에서의 구전 마케팅은 관광지의 체험을 통한 만족도가 호감도와 직접 연결된다.

문화관광은 관광지의 물리적 속성에 대해 가치를 높게 평가하고 물리적 증거 속에서 만족감을 찾는다. 특히 문화관광지에 대한 높은 가치는 재방문의 사후 행동으로 이어질 개연성이 충분하다.163) 문화관광에서의 물리적 속성은 전통과 역사적 가치를 체험하고 관람할 수 있는 독창적인 문화의 정체성이다. 관광객들의 관광 경험만족은 문화적 배경으로 인해 주관적인 차이가 있다. 관광경험의 만족도도 문화적 소통에 따라 다르게 나타나며, 이타문화의 문화적 차이를 극복할 수 있는 관광상품 및 홍보가 다차원적으로 이루어져야 한다.164) 문화관광은 관광지의 잠재 고객의 호감과 방문을 위해 지역성과 매력성의 브랜드력을 갖추어야 하며, 관광지에 대한 관광 홍보물은 다양한 정보를 제공하고 있어 차별화된 문화마케팅이 필요하다.165)

관광자원은 관광만족도와 재방문 의도에 미치는 영향이 큰 것으로 나타났다.166) 바이킹의 나라 노르웨이는 <트롤>이라는 요정스토리로

---

163) 오정학·윤유식, "문화관광선택속성이 문화관광객 관광가치 인식에 미치는 영향", 「관광레저연구」 22(4) (2010): 81-100.

164) 정오·이지민·정남호·구철모, "관광목적지에 대한 지각된 가치가 관광경험만족과 재방문의도에 미치는 영향", 「호텔경영학연구」 27(1) (2018): 73-89.

165) 이려정, "문화마케팅 전략으로서의 BPL을 통한 관광지인지도와 관광지이미지, 방문의도 간 영향관계", 「관광연구논총」 23(1) (2011): 3-2.

166) 진문도, "방한 중국인 개별관광객(FIT)의 관광지 선택속성의 중요도-만족도 분석", (석사학위논문, 동아대학교 대학원, 2017) 50-53.

만든 요정길이 유명하다. 일본의 돗토리현의 요괴마을은 포켓몬스터·디
지몬 캐릭터로 진화한 매력적인 문화관광지다. 문화관광의 호감을 위해
스토리텔링은 반드시 필요하다. 그러나 지역의 역사와 문화자원과의 연
계성에서 출발하지 않으면 오히려 문화의 원형이 훼손되어 호감을 잃게
된다. 문화관광 스토리텔링은 생활 속 깊이 체화되고 융화된 독창성을
통해 호감을 지속가능(sustainable)하게 한다. 문화관광지의 호감도는
그 지역만이 갖고 있는 문화자원의 고유성과 차별성이 지역의 정체성을
대표해야 한다. 문화마케팅의 가장 중심은 스토리텔링이다. 문화자원이
관광자원화 될 때 지역발전과 문화관광의 흡인력을 높일 수 있다.

❙ 노르웨이 트롤통가와 일본의 돗토리현의 요괴마을
© www.google.co.kr

2) 추천의도

문화관광지에 대한 추천 의도는 방문객들이 느끼는 지역의 문화 이
미지, 정서 이미지, 시설 이미지 등에 영향을 받는다. 특히 이미지는 방
문객의 재방문 추천의사에 큰 영향을 미친다.[167] 해외관광지를 방문하
게 되는 요소는 높은 시민의식 및 교육 수준 그리고 민주적이고 도덕적

---

167) 현종협·김경범, "지역축제 이미지가 방문객의 만족도, 재방문 및 추천의사에
미치는 영향",「한국콘텐츠학회 논문지」 16(6) (2016): 493-506.

인 국가 이미지가 영향을 미친다.168) 섬 지역과 같이 교통수단, 접근성, 편의시설 등 관광시스템의 취약 지역은 섬 자체의 특징을 이미지화한 관광상품을 특화할 필요가 있다. 섬이 가지고 있는 해양 자원을 체험적 요소로 구축한다면 문화관광의 취약점을 긍정으로 바꾸는 효과가 있다.169) 문화관광에서 추천 의도를 유도할 수 있는 것은 문화상품(기념품, 음식), 행사내용, 축제성격, 편의시설이 재방문의사와 추천의도에 영향을 미치는 것으로 나타났다.170)

문화관광의 추천 의도는 문화시설과 문화콘텐츠에 대한 만족도에 있다. 우리나라 국민들이 관광여행지를 타인에게 추천의향은 매우 긍정적이다. 관광여행지의 타인 추천의향은 매우 높음이 12.8%, 높음이 76.2%. 보통이 10.6%, 낮음이 0.4%, 매우 낮음이 0.1%로, 89%가 높게 나타났다.171) 문화관광지를 찾는 관광객들은 관람콘텐츠에 대한 만족도가 높지만 타인추천 및 재방문 콘텐츠로는 공연콘텐츠, 참여콘텐츠, 전시콘텐츠 등이다.172) 따라서 문화관광지의 유입층을 위해서는 체험하고 참여하는 콘텐츠로 문화의 다양성에 대한 이해와 향유를 이끌어야 한다. 특히 문화관광에서 교육적 체험과 오락적 체험 그리고 심미적 체험과 일탈적 체험에 대한 진정성은 문화체험을 통해 구매와 이용으로 이어진다.

문화관광의 추천 의도는 관광지에 대한 선 경험에 의해 이루어진다.

---

168) 이종주, "한류관여도와 국가 및 관광지 이미지 그리고 방문 의도와의 영향 관계", 「한국콘텐츠학회논문지」 16(10) (2016): 454-466.

169) 최일선·홍장원·이정아, "섬 관광객의 관광지 선택속성과 관광제약이 관광 만족도와 재방문 의도에 미치는 영향", 「관광연구논총」 31(4) (2019): 121-138.

170) 민동규, "축제만족도가 재방문의사와 추천의사에 미치는 영향", 「한국콘텐츠학회논문지」 8(11) (2008): 356-363.

171) http://kosis.kr(2019.01.02.)

172) 민진홍·하규수, "전시회 구성 콘텐츠가 재방문 및 추천의사에 미치는 영향", 「한국콘텐츠학회논문지」 10(10) (2010): 197-208.

특히 관광지에서 안내자의 관광지에 대한 설명은 관광지의 추천의도를 높게 한다. 따라서 문화관광지에 대한 추천의도를 높이기 위해서는 전문 해설사나 안내 책자 등 관광지를 소개할 충분한 홍보 매체가 있어야 한다. 이를 통해 문화관광지에 대한 긍정적이고 호의적인 생각이 추천과 권유의 단초가 된다.173) 문화관광의 추천 의도는 문화시설과 문화콘텐츠에 대한 만족도에 있으며, 문화관광에서 추천 의도를 유도할 수 있는 것은 구매와 이용으로 구분하여 정리하였다.

① 구매

문화관광지의 이타문화를 체험하기 위해 방문하는 관광객들은 문화관광지의 서비스를 통해 구매 및 재구매를 결정한다. 즉 관광객들은 경험 전 인식하고 있던 가치 및 기대치와 경험 후 서비스 품질과 기대에 대한 평가가 구매로 이어진다.174) 관광객의 구매 의도는 관광객의 미래행동으로 신념의 태도가 행동으로 이루어질 가능성이 크다. 따라서 구매 의도는 소비자가 상품을 구매하고자 하는 계획된 의도로 행동의 신념과 태도를 실행에 옮길 가능성을 의미한다.175) 관광객의 구매의도에 대한 예측은 많은 비용의 지출을 수반하는 서비스 제공자가 관광객이 타깃 층의 수요를 파악하고 결정한 예측에서 비롯된다.176)

따라서 관광객들은 예상되는 제품가격과 같은 상황요소들을 토대로 구매의도를 형성한다. 관광객 개인은 욕구를 충족시키기 위하여, 구매

---

173) 진재수·조선배·최현준, "관광목적지 경험에서 안내자의 설명이 관광객만족과 추천의도에 미치는 영향",「호텔경영학연구」28(5) (2019): 257-266.

174) 최철재·민대규, "관광서비스에서 품질지각이 재구매의도에 미치는 영향: 서비스애착의 매개역할 및 접촉강도의 조절효과",「대한경영학회지」32(9) (2019): 1,598-1,599.

175) Aaker, J. L. "Dimensions of Brand Personality," 347-356.

176) 이정희, "온라인여행커뮤니티 특성에 따른 여행상품구매의도 연구", (박사학위 논문, 경기대학교 대학원, 2007), 48-52.

를 결정한다. 이러한 구매 결정은 상호관계와 환경 요인의 제약 하에서 정보를 처리하는 심리과정과 의사결정 과정이다. 즉, 문화관광에서 관광객들의 구매태도는 경험을 바탕으로 습득된 정보를 통해 표출하는 일련의 행동과정이다.177)

관광객의 구매를 유도하는 다양한 요인 중 미디어는 매우 보편적인 하나의 요소다. 미디어 이외에도 관광 마케팅의 일환으로 관광지에서 관광객들의 구매를 자극하는 이벤트와 프로모션이 구매의 도구로 활용된다.178) 관광객들을 대상으로 관광상품의 구매 욕구를 자극하기 위해서는 관광객들의 관광상품에 대한 트렌드를 파악하는 것이 중요하다. 결국 관광객들의 구매 욕구를 상승시키고 관광객들로 하여금 구매를 행동으로 옮기게 하려면 관광상품의 정보와 가치 및 상품의 질적 수준이 갖춰져야 한다. 이와 함께 문화관광지에 대한 지역의 브랜드 수립은 관광상품의 구매를 연동시키는 중요한 요소다.179)

문화관광의 관광상품 구매는 관광객들이 상품에 대한 이해와 서비스 제공자들이 상품을 구매할 관광객과의 상호작용에 의해 파악된다. 문화관광지에서의 관광 소비 행태는 문화콘텐츠 브랜드와도 깊은 연관이 있다. 관광객들은 문화관광을 통해 브랜드에 대한 호감을 통해 아낌없이 구매하는 습성이 있다. 따라서 관광상품의 구매력을 위해서는 문화관광의 핵심 가치인 문화에 대한 정보와 이해가 충분히 담긴 관광상품이 필요하다.

② 이용

177) 서성한·최휴종, "관광 종사자들의 서비스 품질 평가에 대한 이론적 모형구축", 「사회과학연구」 24 (1998): 347-382.

178) 양윤·최민주, "텔레비전 광고음악의 친숙성과 적합성이 제품 유형에 따라 광고태도에 미치는 영향", 「사회과학연구논총」(2007): 43-74.

179) 고한준·전혜경, "TV광고에서 배경음악이 소비자의 기억과 태도에 미치는 영향: 배경음악의 친숙도와 메시지와의 조화를 중심으로", 「광고학연구」(2007): 83-101.

문화관광의 수요는 개인의 여가활동의 시간이 늘어남에 따라 가속화 되고 있다. 1인가구와 노령인구의 증가로 삶의 질을 중요시 여기는 문화가 형성되고 있다. 문화관광의 중요성은 사회 변화와 개인의 삶의 질 제고에 따른 소비행태로 이어지면서 관광상품의 이용에 있어 차별화와 독창성을 앞세우고 있다. 특히 문화관광의 이용은 객관적인 정보와 추천의도 등 경험자의 가치와 판단에 의존도가 높다. 따라서 문화관광은 지역의 브랜드 이미지를 노출시켜 객관적인 정보 전달로 관광지 방문 등 이용률을 상승시켜야 한다. 문화관광지의 정보는 최근 스마트폰의 확대 보급으로 뉴미디어를 이용한 정보 탐색이 증대하고 있으며, 정보 탐색에서 얻은 문화관광지의 정보는 관광안내책자나 지도 등 다른 정보 이용으로 이어진다.180)

　문화관광의 이용률 상승은 정보를 획득하고 오는 관광객들의 감성을 자극함으로 방문 동기와 구매 및 추천을 통해 재방문에 의해 이루어진다. 이에 따라 관광객들의 유입을 늘리고 관광지의 체험콘텐츠의 이용률을 높이기 위해서는 감동을 주는 매력도를 담아야 한다. 역사문화자원은 감동을 주는 매력도를 표출하기 위한 스토리를 담고 있기에 지역 전체의 브랜드를 각인시키기 좋은 소재다.

　한국의 향교·서원은 매력도를 담고 있는 역사문화자원이다. 건축물뿐만 아니라 역사적인 스토리를 담고 있는 시·공간적 문화자원이다. 2019년 유네스코 세계문화유산으로 등재된 아홉 곳의 한국의 서원은 전 세계 사람들이 찾아오는 문화관광지로 새롭게 등장했다. 그러나 세계적인 문화관광지라고 하더라도 관광객들에게 유용한 정보를 제공하지 않으면 공감대를 형성하지 못하고 이용자도 확보할 수 없다. 문화관광은 감성적 콘텐츠로 공감을 유발하지 못하면 이용자의 추천을 기대할

---

180) 가정혜, "관광객들의 휴대전화를 이용한 관광정보 탐색과 지각된 관광위험에 관한 연구", 「경영경제연구」 33(1) (2010): 9-100.

수 없다.181)

향교·서원의 문화관광의 이용률을 높이기 위해서는 관광지의 지역안 내, 관광상품 및 체험콘텐츠의 가격과 서비스 등 문화 인프라와 함께 관광객들의 이타문화에 대한 이해와 문화적 접근성을 높이기 위한 다양한 유입 방법과 홍보가 필요하다.182) 유네스코 세계문화유산으로 지정된 세계 유명 관광지들은 문화재를 개방하고 누구나 즐기고 이용할 수 있도록 접근성과 편의성을 제공하고 있다. 문화재 주변의 산책과 조깅은 흔히 볼 수 있는 광경이다. 그러나 향교·서원 등 역사문화의 공간들은 상시 개방이 아닌 관계로 일반인들이 일상생활에서 이용의 제약을 받으며 지역의 독창적인 문화자원임에도 불구하고 문화관광의 핵심 콘텐츠로 활용되고 있지 못하고 있다.

---

181) 딩전저·김정우, "한국 지역관광콘텐츠에 대한 중국 이용자 이용동기의 연구: 중국 시나웨이보 중심으로", 「글로벌문화콘텐츠학회 학술대회지」(2019): 133-137.

182) 이상철, "관광산업과 문화재 이용권", 「동서언론」 9 (2005): 1-48.

3부

향교 · 서원과
문화관광콘텐츠

향교·서원에 대한 연구는 2000년대를 기점으로 변화를 보이고 있다. 2000년대 이전 향교·서원에 대한 연구는 정치와 지역 배양인물 위주의 유림에 대한 지역 정치·사회, 교육철학과 역사적 건축물 중심의 연구가 대부분이었다. 윤장섭 외는 조선시대 중요한 교육기관이었던 향교·서원은 유교사상이 강조된 건축물로 구성되어 있다고 설명하며 입지 및 배치형식에 대한 연구를 하였다.183) 장재천은 유교는 조선조의 국가이념으로 향교를 지방교육과 사회교화를 이루는 이념적 제도적으로 인식하여 진흥 정책에 대해 설명하였다.184)

향교·서원이 문화관광으로 연구가 본격적으로 시작된 것은 21세기를 맞이하면서 부터다. 금장태는 21세기 유교의 진로와 과제 연구에서 한국인의 전통문화 속에 유교적 가치관이 자리잡고 있어 유교의 새로운 가능성이 열려 있다고 하였다. 이를 위해 낡은 시대의 전근대적 잔재로부터 대중들에게 설득력을 가질 수 있는 유교적 도덕규범에 대한 개혁이 필요하다고 하였다.185) 이영찬 외는 유교공동체의 영향력이 감소되었으나 현대사회에서 유교는 무의식적 전통 영역 속에 엄존한다고 하였다. 따라서 유교공동체의 활성화 방안으로 많은 연령대가 활동할 수 있는 시공간을 마련하여 유교공동체가 가장 잘 이어오고 있는 전통체험학습, 문화유적 탐방, 세시풍습과 민속놀이 체험 등 문화체험프로그램을 통해 참여의 기회를 만들어야 한다고 하였다.186)

21세기 새로운 밀레니엄 시대를 목전에 앞둔 1999년 김대중(金大中) 대통령이 한국관광공사의 '웰컴 투 코리아(Welcome to Korea)'

---

183) 윤장섭·이정수, "조선시대 향교.서원건축 구성형식의 비교연구," 「1987 대한건축학회학술발표대회 논문집-계획계/구조계」 17(1) (1987): 53-61.
184) 장채천, "조선시대의 향교교육 진흥책 연구," 「教育學研究」 35(4) (1997): 53.
185) 금장태, "21세기에서 유교의 진로와 과제," 「불교문화연구」 1 (2000): 334-336.
186) 이영찬·정혜숙·김보경, "성주지역의 유교공동체와 사회적 연결망," 「사회사상과 문화」 13 (2006): 251.

캠페인에 직접 출연하면서 고부가가치인 문화관광산업 진흥시대가 열렸다. 이후 2003년 노무현 대통령도 해외관광객을 유치하고 국가 이미지를 높이기 위해 한국 관광홍보 CF에 출연하여 관광산업의 중요성을 부각시켰다. 문화관광산업은 21세기 새로운 밀레니엄이 시작되면서 뉴 패러다임이 되었다. 이에 따라 한국문화의 독창성과 지역문화유산의 재조명은 향교·서원의 문화적 가치와 활용방안에 대한 다양한 연구로 이어졌다.

문화관광부 산하 한국문화관광연구원의 전신인 한국문화정책개발원에서 진행한 우리 민족문화 창달을 위한 향교·서원 기능의 현대적 활용 방안에 대한 연구는 유교문화를 현대적으로 활용하기 위해 향교·서원을 거점으로 지역문화 활용 방안 모색에 목적을 두고 있다. 이를 위해 문화재의 복원과 시설물을 최대한 활용하되 체험과 유교문화 이해 프로그램을 확대해야 하는 관점에서 연구가 진행되었다. 향교·서원을 현대 생활 문화공간으로 어떻게 활용하며, 전통문화를 현대 교육에 맞게 어떻게 변화시키고 활성화할 것인지, 체험학습의 자원으로 어떻게 활용할 것인가에 대한 연구를 통해 사회교육 중심지화와 이벤트화 그리고 연계 관광자원화의 세 가지 방안을 제시하였다는 점에서 주목되었다.[187]

김문준은 문화체육관광부와 문화재청 등 공적영역에서 향교·서원의 유교문화 활성화 진흥과 함께 사적 영역에서도 역사문화체험에 대한 가족 단위의 욕구가 증가함에 따라 지역의 전통문화 유산과 관광이 접목된 역사문화체험관광이 중요하다고 설명하였다.[188] 뉴미디어 활용에 익숙한 세대들을 위한 지속적인 유교문화의 관광자원 개발은 진부하다는 유교문화의 보편적 의식을 뛰어넘는 창의적 체험콘텐츠가 절실히 요

---

187) 이흥재·장미진, "우리 민족문 창달을 위한 향교·서원 기능의 현대적 활용 방안",「한국문화정책개발원 정책과제」 2001(15) (2015): 10-100.

188) 김문준, "대전지역 향교·서원 배향 명현의 선비정신과 유교문화콘텐츠",「儒學研究」 37 (2016): 353-399.

구된다.

향교·서원의 문화관광콘텐츠 운영은 유교문화자원이 문화재로 보존되는 데 그치지 않고 전통문화의 가치를 현대인들의 삶에 계승되어 새로운 가치로 점철되게 한다. 그동안 향교·서원은 유림사회를 기반으로 배양 인물에 대한 선양을 통해 정신문화에 가치를 두고 있었다. 그러나 문화관광콘텐츠는 향교·서원의 공간과 시간적 가치를 동시에 활용함으로써 지역의 역사문화콘텐츠의 발원에 초점이 맞춰져 있다.

1. 향교·서원 운영 배경과 의미

21세기는 문화 감성시대를 맞이하여 하드웨어에서 소프트웨어로 문화 향유층이 이동하고 있다. 이러한 현상은 팬슈머(fansumer)라는 신조어를 통해 내가 직접 투자와 제조 과정에 참여하는 소비자들이 늘어나고 있기 때문이다.189) 향교·서원의 문화관광콘텐츠 운영이 과거와 현재의 융합을 통해 문화관광콘텐츠의 새로운 패러다임을 창출할 수 있는지에 대한 논의를 위해 향교·서원의 문화관광콘텐츠의 운영 배경과 의미를 구분하여 정리하였다.

1) 향교·서원 문화관광콘텐츠 운영 배경

향교·서원은 유교문화의 전통을 이어가고 있는 인재양성을 위한 교육기관이다. 조선시대에 인재양성은 중앙에는 성균관을 설치하고, 지방 군현에는 향교를 설치하여 국가에서 필요한 인재를 배출하였다. 향교가 국립 교육기관으로 관리 등용을 위한 인재를 양성하였다면 서원은 사립 교육기관으로 지방을 중심으로 한 교육을 담당하였다. 교육을 통한 인재육성을 목적으로 설립된 향교·서원은 조선왕조를 거치면서 많은 문제를 야기했다.

고려 멸망 후 건국된 조선왕조가 중시한 것은 새로운 제도로 건국의

---

189) 김난도 외, 「트렌드코리아」(서울: 미래의 창, 2019), 315-336.

기틀을 잡기 위한 교화와 교육이었다. 향교는 이를 수행하는 기관으로 육성 되었으나 관리들의 기강해이로 과거제도의 폐단이 발생하면서 이를 비판하는 신진세력인 사림에 의해 쇠퇴기를 맞는다. 성리학에 바탕을 둔 정치를 지향하는 사림세력은 중종반정(1506년)을 주도하면서 문란해진 과거제도를 대신할 교학진흥을 주장하였다. 그러나 신진세력인 사림은 조선건국의 공신들인 훈구파와의 대립으로 발생한 기묘사화(1519년)로 교학진흥의 뜻을 이루지 못하고 숙청되지만, 사림의 교학진흥을 위하여 서원으로 이어진다.190)

한국 최초의 서원은 1542년(중종37)에 경상도 풍기군수 주세붕이 세운 백운동서원이다. 백운동서원은 관학인 향교와는 달리 사설교육기관으로 고려 말의 학자 안향을 배향하고, 후진을 교육하였다. 이후 퇴계 이황은 풍기군수로 와서 백운동서원에 국가에서 현판과 토지를 하사하도록 건의함에 따라 명종으로부터 소수서원이라고 친필로 쓴 현판을 하사받으며 발전하였다. 소수서원은 나라에서 책과 토지 그리고 노비 등을 하사받아 면세와 면역의 특권을 부여받은 사액서원이다. 그러나 국가적 지원과 혜택을 받은 서원이 급격하게 늘어나면서 다른 특혜와 권력의 상징으로 자리를 잡게 된다. 서원이 특혜와 권력으로 붕당정치의 뿌리로 전락하면서 1871년(고종8) 흥선대원군은 서원에 대한 일체의 특혜를 중단하였다. 이로 인해 나라로부터 특권을 부여 받은 47개소의 사액서원을 제외한 전국의 대다수 서원이 문을 닫게 된다. 서원철폐 후 상당수의 서원은 문중서원 위주로 존립하게 된다. 후학을 위한 교육이 주가 되었던 서원의 주요 기능이 상실되면서 물질적 지원 또한 중단되는 상황에서 서원의 운영이 어려워짐에 따라 그 피해는 백성들에게 폐단으로 전가되었다.191)

---

190) 황태희·최희수, "향교서원의 현대적 해석을 통한 활용 방안", 「글로벌문화콘텐츠학회학술대회」(2014): 191-197.

향교·서원은 서원철폐와 물질적 지원이 중단된 이후 인재육성을 위한 교육기관으로서의 역할이 급속하게 축소되면서 현재 전국적으로 234개의 향교와 500여 개의 서원이 남아 있다. 근대화시기를 거치면서 유교문화는 향교·서원의 맥을 이어갈 후학들로 이어지지 못하고 유림사회의 고령화에 그대로 노출되어 있다. 최근 유네스코 세계문화유산의 한국의 서원의 등재는 현대사회에서 향교·서원의 가치를 어떻게 활용해야 하는지에 대한 논의를 제공한다.

향교·서원 문화관광 콘텐츠는 2017년부터 진행되어 현대사회 속에서 향교·서원의 가치를 어떻게 활용해야 하는지에 대해 논점화 되었다. 논점은 향교·서원의 유교문화의 공간이 현대적 공감대를 구축한 문화관광 체험콘텐츠로 자원화 할 수 있느냐에 있다. 유교문화의 문화관광 자원화는 전통문화 계승과 발전을 도모하여 지역의 독창성을 꾀하는 데 의미가 있다. 관광산업과 유교문화와의 연계는 유교문화를 형이상학적 이념과 사상의 논쟁에 머물지 않고 대중문화로서 현대인들과의 공감을 밀착시켜야 한다. 이를 위해 향교·서원 문화관광콘텐츠는 관광객을 위한 관광상품 및 전통문화 상품 개발로 브랜드 가치를 제고하고 있다.

향교·서원의 유교활성화를 위한 문화관광프로그램의 보급을 위해 지역사회에서 문화콘텐츠를 기획하고 운영을 주도하기 위한 전문 인력을 육성하는 <청년유사제도> 도입은 향교·서원 문화콘텐츠를 지역문화와의 연계점을 구축하는 계기가 되고 있다. <청년유사제도>는 고령화된 유림사회가 대중문화 속으로 나가기 위해 어떻게 운영되어야 하는지와 이를 통해 유교문화가 현대사회에 조명되어야 할 키워드를 찾는 기회로 작용하고 있으나 지속적인 발전을 위한 역량강화와 인프라 구축을 위한 재원 지원은 미흡한 상태로 남아있다.

---

191) 김경란, "조선 서원의 발전과정과 향촌사회에서의 역할", 「안동학」 15 (2016): 159-168.

2) 향교·서원 문화관광콘텐츠의 의미

향교·서원 문화관광콘텐츠는 동·서양의 문학과 사학 그리고 철학을 학습하고 체험적 인문학을 보급함으로써 현대사회에서 유교문화의 역할을 새롭게 조명하고 있다. 향교·서원 문화관광콘텐츠는 올바른 예절교육을 통해 한국인들이 동방예의지국의 후손으로서 자긍심과 정체성을 확립하고 가정과 학교, 사회에서 실천하게 하고자 하는데 의미를 두고 있다.

향교·서원의 공간구조는 문화관광콘텐츠 운영에 있어 충분한 역할을 하고 있다. 배향((配享)공간과 교육공간에 따라 앞뒤로 위치해 있으며 학후묘(學後廟)와 묘후학(廟後學)으로 좌우로 위치해 좌묘우학(左廟右學)과 좌학우묘(左學右廟)로 불려진다.192) 향교·서원 문화관광콘텐츠는 공간구조의 분리로 인해 배향부문과 교육부문 문화부문으로 나눠서 진행이 가능하다. 배향공간에서 진행되는 제향부문은 석전례(釋奠禮))와 분향례(焚香禮), 고유례(告由禮)를 통해 조상에게 예를 갖춤으로써 자신의 삶을 반추하게 한다.

유교아카데미는 향교·서원이 배우고 익히는 교육을 시행하는 공간적 의미를 알게 하며, 선비문화에 대한 인문학적 소양을 갖게 한다. 청소년 인성교육은 청소년들의 예절 및 생활 안전, 심리상담 등을 전담하고 있다. 선비대학은 지역민들에게 고전연구를 통해 현대사회를 살아가는 지혜를 갖게 한다. 문화부문은 지역의 숨은 문화자원을 발굴하여 향교·서원과의 연계를 통해 지역문화의 독창적 관광 툴을 구축하는 데 의미가 있다.193)

향교·서원 문화관광콘텐츠는 향교·서원이 운영해왔던 기존의 콘텐츠

---

192) 정대열, "향교·서원의 구성시설", 「교육시설」 25(6) (2018): 7-12.
193) 성균관유교문화활성화사업단, 「2018 유교문화활성화사업 결과보고서」(2018): 3-8.

와는 달리 문화부문이 관광산업과 연계되었다. 지역민들을 대상으로 교육콘텐츠를 운영해오던 교육기관에서 벗어나 관광문화를 위해 전통문화를 체험하게 하고 지역의 명소를 연계하고 있다.

2018년 국민여가실태 조사에 의하면 1순위가 자연명승지 및 풍경관람이 47.2%, 2순위가 지역축제참가가 38.7%, 3순위가 문화유적방문이 33%를 차지하였다.[194] 향교·서원 문화관광콘텐츠가 지역의 명소를 연계한 것은 관광 수요층을 충분히 확대할 수 있다. 지역문화자원으로 유교문화를 발전시키기 위해서는 생활 속에 유교문화의 자긍심이 유지되어야 한다고 한다. 이를 위해서는 유림단체들이 지역민과 함께 유교문화자원의 전승과 보존에 앞장 설 수 있도록 문화 교육과 문화 참여가 지속되어야 한다.[195]

---

194) http://kosis.kr/search/search.do (2019.01.02.)

195) 남치호, "유교문화권 관광개발사업의 추진방향과 과제", 「한국행정논집」 17(2) (2005): 527-553.

2. 향교·서원의 역할

향교·서원의 문화관광콘테츠의 역할은 역사적 역할과 문화적 역할 두 가지 관점에서 구분된다. 이 두 관점은 향교·서원이 특정 집단지성들의 점유물로서 역사적인 스토리를 가지고 있고 전통문화의 맥을 이어 온 정신문화적 가치를 지니고 있다. 특히 향교·서원의 기능에 대한 역사적 접근과 문화적 접근은 향교·서원이 현대사회에서의 역할에 대해 역사적, 문화적으로 정리하였다.

1) 향교·서원 문화관광콘텐츠의 역사적 역할

유교문화는 오늘날 우리 사회에 사상과 관습 그리고 행동 등이 전해지고 있는 전통문화이다. 따라서 우리는 전통문화인 유교문화를 보존하고 지킬 것인가? 아니면 혁신을 통해 바꿀 것인가를 구별해야 한다. 역사적으로 유교는 한국 사회에 의식과 가치관에 큰 영향을 미쳤다. 한국인들이 생활방식을 오래도록 지배해 온 유교의 인의예지(仁義禮知) 사상은 일상생활의 토착화로 자리잡아왔다. 조선왕조 500백년 역사를 거론할 때 유교를 거론하지 않을 수 없는 것은 유교의 토착화 때문이다. 오늘날 지역 곳곳에 남아있는 선비문화는 유교를 대표하는 선비정신은 풍류와 멋의 원천으로 거론된다.[196]

---

196) 진성수, "한국 유교 현황과 현대화 전략", 「유교사상문화연구」 73 (2018): 185-216.

현대사회에서 유교문화의 명맥을 이어가는 두 가지 관점은 다음과 같다.

첫째, 유교의 공동체문화의 가치관과 유교의 가부장적인 서열문화이다. 공동체문화는 현대사회에서 1인 가구의 급증으로 세대 간 결속력이 해체된 데서 오는 다양한 병폐를 극복하는 구심점으로 논의되고 있다.

둘째, 가부장적인 서열문화로 정보의 보편화가 가지고 온 평등의 시대상과 이질적으로 교차되었다. 특히 호주제 폐지를 논의하는 과정에서 가부장적 유교에 대한 부정적 인식이 가중되었다. 2007년 6월 27일 호주제 폐지 시행일을 기점으로 양성평등에 대한 사회인식의 확산으로 유교는 시대상으로 맞지 않는 낡은 정신으로 고착화되었다.

서원은 17세기 초 과거시험을 위한 입학자격 규정을 개정하는 논쟁을 100여 년 넘게 끌어오면서, 18세기 초에 교육목적이 과거제도를 위한 입학이 아니라 도학의 탐구와 실천으로 과거시험과 무관한 교육과정을 표방하였다. 이로 인해 19세기 실천에 초점을 둔 실학의 학풍으로 유교가 점차 변화를 겪는 계기가 되었다.[197]

이처럼 향교·서원의 역사적 역할은 단순히 과거제도의 등용을 위한 인재양성에 그치지 않고 세태를 탐구하고 실천하게 하는 실학의 바탕이 되었다. 따라서 향교·서원 문화관광콘텐츠가 유교를 단순히 전통문화의 명맥을 이어가는 것으로 국한시키는 것은 협의의 관점이다. 역사적 유교의 광의의 관점은 전통문화를 능동적으로 창조 계승하여 사회적 기능으로 이어나가야 하는 바, 향교·서원의 역할을 재정립할 필요가 있다.

---

197) 김자운, "16세기 소수서원 교육의 성격", 「유교사상문화연구」 58 (2014): 331-358.

2) 향교·서원 문화관광콘텐츠의 문화적 역할

한상우는 유교의 인의예지(仁義禮智)의 정신을 실천하는 선비정신은 우리 민족만의 고유한 정신문화 유산이라고 하였다. 유교의 문화유산은 향교·서원으로 대표되는 유형의 문화유산과 인물, 사상, 제례 등 무형의 유산으로 나눈다. 유학자나 선비 등은 지역사회의 정신사를 이끌어 왔기 때문에 무형의 유산과 지역사회와의 연계를 살펴보는 것이 중요하다. 향교·서원 문화관광콘텐츠가 향후 지역에 남아있는 무형의 유산인 유교의 선비문화와 연계성을 확장시킨다면 문화관광 자원으로 활용할 충분한 가치가 있다.198)

정부는 2019년 4월 2일 <확대 국가관광전략회의>에서 2020년 외래관광객 2,300만 명 유치를 위해 체험여행 수요에 대응하는 지역관광콘텐츠를 발굴·확충한다고 발표하였다. 이를 위해 조선왕릉 둘레 길과 궁궐 야간개방 등 문화유산과 연계한 한국의 고유한 관광콘텐츠를 통해 국내외 관광을 활성화 시키고자 <(가칭) 문화유산 방문 캠페인 2020>을 추진한다고 발표하였다.199) 이러한 정부 방침은 현재 유교문화가 관광자원으로 활용되고 있는 다양한 콘텐츠가 확대되는 계기가 되었다.

향교·서원을 비롯한 그 시대의 유물과 도서 등은 유교문화에 다양한 관광자원으로 활용되고 있다. 안동시는 퇴계 이황과 관기 두향의 애절한 사랑 이야기를 뮤지컬로 <퇴계연가-매향> 으로 콘텐츠화 하였다. 경상북도는 유교문화권의 9개 자치단체(문경시, 봉화군, 상주시, 안동시, 영양군, 영주시, 예천군, 의성군, 청송군)와 안동문화방송(주)이 공동으로 설립한 (재)세계유교문화재단을 통해 공동으로 문화사업을 진

---

198) 한상우, "경남지역 유교·선비문화유산 활용 제고를 위한 정책 방안", 「정책포커스」(2014): 1-37.

199) https://www.mcst.go.kr(2019.01.03.)

행하고 있다200) 전주시는 한옥마을을 활용한 선비문화 진흥을 정책적으로 시행하였다. 전주시평생학습센터에서 한옥마을의 역사와 공공디자인에 스토리텔링 도입으로 보다 활기차고 매력적인 도시를 만들기 위해 2008년 11월 15일 30여 가족 100여 명이 참여하는 5주에 걸쳐 <한옥마을 스토리텔링>을 운영하였다. 전주시가 한옥마을과 선비문화를 관광자원화 한 것은 지역의 정체성을 한옥마을과 선비문화의 역사성에서 근거하기 위함이다.201)

충청남도 논산시에 건립되는 충청유교문화원과 안동시 성곡동에 조성된 유교랜드는 유교를 관광문화의 차별화를 위한 콘텐츠로 활용되었다. 문화재청도 역사적 인물에 대한 조명을 통해 전통문화의 정체성과 향교·서원의 문화자원의 가치를 재발견하고 있다. 이를 통해 인문학의 정신문화를 계승하고 역사자원의 시대적 재조명을 통해 지식이 아닌 지혜를 찾아 복잡한 현대인들의 삶의 정체성을 재정립하자는 취지다. 문화재청의 <향교·서원 문화재 활용사업>은 향교·서원의 가치를 관람하는 문화재가 아니라 활용하는 문화재로 알리기 위함이다.

현대인의 삶 속에서 역사적 공간의 활용은 공동체가 추구하는 가치의 맥을 이으면서 진정성을 공유하게 한다. 향교·서원이 지역사회에서 지성의 전당이었던 것처럼 현대에도 담론을 이끌고 정신문화를 풍요롭게 하는 공간으로의 활용은 지역사회가 안고 있는 현안을 해결하는 거점이 된다. 이를 위해 향교·서원을 지역사회의 대표적인 문화자원의 키워드로 육성하고 체계적으로 활용체제를 구축해 지역경제 활성화를 도모하는 사업이다.202) 향교·서원 문화관광콘텐츠는 전통체험과 정신문화 함양으로 인문학의 진흥을 강화하고 있다.

---

200) https://www.worldcf.co.kr(2019.07.16.)

201) http://www.jeonju.go.kr(2019.07.26.)

202) http://www.cha.go.kr(2019.07.26.)

3. 향교·서원 문화관광콘텐츠의 운영 실태

향교·서원의 문화관광콘텐츠는 문화체육관광부와 문화재청의 지원사업으로 문화유산의 보존과 활용에 관심을 두고 운영되고 있다. 문화체육관광부는 2017년 <유교문화활성화사업>을 문화적 가치의 고양할 것을 지향하여 성균관유교문화활성화사업단을 통해 지원 사업을 진행하고 있다. 이와 더불어 문화재청은 2014년부터 <유교문화활용사업>이라는 기치를 활용할 수 있도록 향교·서원의 문화관광콘텐츠 운영을 위한 지원 사업을 지속적으로 시행하고 있다. 이를 계기로 향교·서원이 문화재의 보존에 역점을 두고 있는 관점에서 지역의 문화관광자원을 활용하는 콘텐츠의 개념이 접근되었다.

1) 문화체육관광부 운영 실태

향교·서원을 문화관광콘텐츠로 운영하는 것은 지역문화 자원의 활용과 활성화에 큰 의미가 있다. 향교·서원의 앞으로 공간이 문화체험의 공간으로 적극활용할 수 있다면 전통문화에 대한 이해도를 높여 계승발전을 용이하게 한다. 문화체육관광부에서 2017년도부터 운영하고 있는 향교·서원 문화관광콘텐츠는 유교문화의 가치를 계승하고 활용하는 현장으로 좋은 기회가 되고 있다. 2017년에는 13개의 향교와 2개의 서원에서 문화관광콘텐츠 70개의 문화관광 콘텐츠를 운영하였다. 그리

고 2018년에는 9개의 향교와 1개의 서원에서 61개의 문화관광콘텐츠
를 선정하여 다음과 같이 지원하고 있다.

연도별 향교·서원 문화관광콘텐츠 운영실태

년도	향교·서원 개수		총 운영콘텐츠 수
	향교	서원	
2017	13	2	70
2018	9	1	61

출처: 성균관유교문화활성화사업단, 「2017년·2018년 유교문화활성화 사업보고서」

문화체육관광부에서 운영하고 있는 향교·서원 문화관광콘텐츠는 유
교문화에 대한 이해와 지역의 인물과 역사 그리고 지역의 사상 등을 통
해 지역문화의 인문학적 토대를 이해하는 콘텐츠이다. 이를 통해 지역
의 독창성을 확보하여 관광문화의 차별화와 브랜드를 수립할 수 있는
토대가 된다. 문화체육관광부에서 운영하는 향교·서원 문화관광콘텐츠
는 아래와 같이 운영하고 있다.

▌진주향교, 영주향교, 청주향교 명륜관, 강릉향교
ⓒ 진주향교, 영주향교, 청주향교, 강릉향교

2018년 향교·서원 문화관광콘텐츠 운영

순번	지역	명칭	콘텐츠
1	부산광역시	동래향교	충의의 고향, 한국의 노블레스 오블리주 동래유림
2	광주광역시	월봉서원	기세등등 여유만만
3	경기도 양주시	양주향교	선비, 융합을 풀다
4	강원도 강릉시	강릉향교	900년 역사가 서려있는 강릉향교
5	충북 청주시	청주향교	향교, 느티나무야 넌 보았니?
6	전북 전주시	전주향교	선비 길 꽃 걸음
7	경북 영주시	영주향교	유교성지를 가봤니?
8	경북 의성군	의성향교	유림향기 가득한 의성향교
9	경남 진주시	진주향교	진주호국성지 순례 및 선비체험
10	제주도 서귀포	대정향교	보멍! 배우멍! 놀몽!

출처: 성균관유교문화활성화사업단, 「2018 유교문화활성화사업 결과보고서」

문화체육관광부에서 지원사업으로 운영된 문화관광콘텐츠 프로그램은 2018년 총 62회가 진행되었다. 동래향교는 5회차 실시에 170명이 참가하였고, 월봉서원은 10회차 운영에 318명이 참가하였다. 양주향교는 4회차 운영에 128명이 참가하였고, 강릉향교는 4회차 운영에 123명, 청주향교는 9회차 운영에 287명이 참가하였다. 전주향교는 4회차 운영에 127명이 참가하였고, 영주향교는 5회차 운영에 168명이 참가하였다. 의성향교는 4회차 운영에 124명이 참가하였고, 진주향교는 11회차 운영에 391명이 참가하였고, 대성향교는 5회차 운영에 150명이 참가하였다. 향교·서원 문화관광프로그램은 각 향교에서 창의성, 코스의 적절성, 체험프로그램의 적절성. 교육프로그램의 적정성 등에 초점이 맞춰져 있다.[203]

　문화체육관광부가 진행하는 유교문화 활성화 콘텐츠는 유교적 교양인의 양성 및 유교문화 공간의 활용을 통한 유교문화의 확대다. 유교인문학의 활성화를 위해 운영되는 유교아카데미 강좌는 흥미도가 4.57(5점 만점), 내용 만족도가 4.43, 교육환경에 대한 만족도가 4.48, 유교적 교양(지식)의 향상에 대한 만족도가 4.45, 타인에게 추천의사에 대한 만족도가 4.53으로 수강생들의 만족도가 높다.

　그러나 수강생 연령층이 50~60대가 50.2%, 70~80대가 46.35로 96.5%가 50대 이상의 연령층이 참여하고 있어 유교문화의 계승을 위해서는 다양한 콘텐츠가 도입되어야 한다. 청소년 인성교육 강좌는 청소년들 대상으로 운영되고 있다. 인성교육 콘텐츠의 흥미를 느낀다가 3.92(5점 만점), 내용의 이해도가 3.93, 교육 장소에 대한 만족도가 4.02, 유교문화에 대한 지식이 늘었다가 3.91, 다른 사람에게 향교·서원을 설명할 수 있는가에 3.63, 다른 사람에게 알리고 싶은가에 3.95로 유교 아카데미 강좌에 비해 낮은 만족도다.[204]

203) 성균관유교문화활성화사업단, 「2018 유교문화활성화사업 결과보고서」, 21-96.

2018년 향교·서원 문화관광콘텐츠 참여 연령층 분포도

구분	합계	10대	20대	30대	40대	50대	60대	70대
인원수	1,258	40	14	34	101	279	468	322
비율	100	3.2	1.1	2.7	8.0	22.2	37.2	25.6

출처: 성균관유교문화활성화사업단, 「2018 유교활성화사업 모니터링보고서」 재구성

  2018년 문화체육관광부의 향교·서원 문화관광 콘텐츠에 참여 연령
층의 분포는 60대가 37.29%로 참여율이 가장 높았으며, 70대가
25.6%, 50대가 22.2%, 40대가 8.0% 순으로 나타났다. 가장 낮은
참여율은 20대가 1.1%이며 30대가 2.7%, 10대가 3.2% 순위로 위
의 표와 같다. 2018년 향교, 서원 문화관광콘텐츠에 참가자들의 만족
도는 각 문항 5점을 기준으로 아래 그림과 같다.[205]

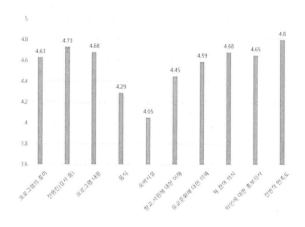

▌2018년 향교·서원 문화관광콘텐츠 만족도

출처: 성균관유교문화활성화사업단, 「2018 유교문화활성화사업 모니터링결과보고서」

---

204) 성균관유교문화활성화사업단, 「2018 유교문화활성화사업 결과보고서」, 98-108.
205) 성균관유교문화활성화사업단, 「2018 유교문화활성화사업 모니터링 결과보고
     서」, 98-108.

콘텐츠의 흥미에 대한 만족도는 4.63, 강사 등 진행진에 대한 만족도는 4.73, 콘텐츠 내용에 대한 만족도는 4.68, 음식에 대한 만족도는 4.29, 숙박시설에 대한 만족도는 4.05다. 또한 향교·서원에 대한 이해도를 높일 수 있는 기회였다는 응답은 4.45, 유교문화에 대한 이해도를 높일 수 있는 기회였다는 응답은 4.59, 재참여 의사는 4.68, 타인에 대한 홍보의사는 4.65, 전반적인 만족도는 4.8다. 향교·서원 문화관광콘텐츠를 운영에서 숙박시설과 음식에 대한 만족도가 가장 낮은 것은 지역의 음식문화와 숙박시설을 상호 연계성을 가지고 운영을 통해 개선할 수 있다. 이를 위해 향교·서원의 문화관광콘텐츠는 지역문화자원과의 연계성을 확장할 필요가 있다.

향교·서원 문화관광 콘텐츠의 활성화를 위해서는 여성층을 공략하는 감각적인 콘텐츠 도입이 필요하다. 내국인들을 위한 주요 타깃1시장은 초등학생을 자녀로 둔 30~40대 기혼여성을 위한 가족단위 관광 콘텐츠로 자녀체험과 교육을 중요시하는 연령이다. 타깃 2시장은 20~30대 사회 초년생 및 미혼여성층으로 음식 관광을 선호하고 디저트카페 등 작은 사치에 주저하지 않는 연령층이다.

타깃 3시장은 독립한 자녀를 둔 40대 후반 이후 여성층으로 문화관광에 관심이 있고, 먹거리 위주의 관광과 주중 관광이 가능한 연령층이다.206) 문화체육관광부에서 운영하는 유교문화활성화사업의 향교·서원 문화관광 콘텐츠는 전 연령층 대상 콘텐츠로 구성되었지만, 아래 표와 같다.

---

206) 한교남, "유교전통과 문화관광 콘텐츠의 전망과 개선점", 「성균관유교문화활성화사업단 유교문화활성화사업 결과보고회」(2018): 110-111.

향교·서원 문화관광콘텐츠 2017년, 2018년 참여 연령별 증감 분포도

구분	합계	연도	10대	20대	30대	40대	50대	60대	70대 이상
비율	100	2017	24.07	5.62	8.64	13.10	14.4	18.3	15.8
	100	2018	3.2	1.1	2.7	8.0	22.2	37.2	25.6
증감	100	2018 대비 2017	▽ 20.87	▽ 4.52	▽ 5.94	▽ 5.1	△ 7.8	△ 18.9	△ 9.8

출처: 성균관유교문화활성화사업단, 「2017년 종합보고서 및 2018년 종합보고서」에서 재구성.

향교·서원 문화관광콘텐츠의 젊은층의 참여율은 극히 저조하다. 2017년과 2018년 2회의 참가 연령층 비교에서도 10대가 20.87%, 20대가 4.52%, 30대가 5.94%, 40대가 5.1% 각각 감소되었다. 이와 반대로 50대 연령층은 7.8%, 60대 연령층은 18.9%, 70대 이상 연령층은 9.8% 증가되었다. 향교·서원 문화관광콘텐츠에서 20대 연령층의 참여율이 저조한 것은 유교문화를 문화콘텐츠로 활용한 관광 콘텐츠 개발이 미흡하기 때문이다. 젊은층의 유교문화의 체험을 유도하기 위해 유교의 범례인 관습과 규범의 제한적 범위를 벗어나 유교의 정신문화와 심신 수련 등 현대적 가치가 접목되어야 한다. 유교문화의 현대적 가치는 아래 표와 같다.207)

유교문화의 현대화 키워드

유교의 가치	유교의 현대적 가치
예(禮)	심신 단련, 자기 수련, 극기
효(孝)	공동체에 대한 배려와 나눔
경(敬)	명상, 정신수련, 정도

207) 김양, "충북지역 유교문화자원의 활용방안", 「충북 Brief」 23 (2010): 1-4.

누정과 구곡 팔경	자연애, 환경과 보존, 질서
선비사상	느림의 문화, 자아 정체성 확립

향교·서원 문화관광콘텐츠는 향교·서원을 보존과 관리 위주에서 문화와 관광으로의 전환점이 되었다. 성균관유교문화활성화사업단(2018)에 의하면 향교·서원 문화관광콘텐츠의 개선사항은 다음과 같다. 첫째, 향교·서원 사업추진을 위한 전문 인력의 부족과 유림사회의 고령화로 다양한 사업 추진에 대한 어려움이다. 둘째, 관광객들의 체험을 위한 시설 부족과 냉방시설의 미비로 인한 여름철 행사 진행의 어려움이다. 셋째, 향교·서원 관리자가 상주하지 않은 경우 연락이 원활하지 않음이다. 넷째, 향교·서원에 대한 인식 부족으로 전국적 단위 모객의 어려움 등으로 나타났다.

향교·서원 문화관광콘텐츠사업은 자체적으로 문화관광을 진행할 수 있는 체계와 교육과 여행 동아리와 연계하여 콘텐츠 진행이 필요하다. 이 사업은 대도시 인구를 지방으로 유입하여 관광 영역 확대와 전국에 산재한 유교문화 콘텐츠의 체계적인 조사 및 정리를 위한 아카이브 구축 필요하다. 그리고 향교·서원 전문 해설사를 체계적으로 운영할 수 있는 기관 및 시스템과 전국 향교·서원에 인력, 시설, 콘텐츠 등 지원이 필요하다.208)

---

208) 성균관유교문화활성화사업단, 「2018 유교문화활성화사업 결과보고서」, 697-700.

▌ 밀양향교, 고성향교, 창녕향교, 영산향교
ⓒ **밀양향교, 고성향교, 창녕향교, 영산향교**

2) 문화재청 운영실태

문화재청의 향교서원 활용사업은 문화재 활용이 문화재 보존의 근본
방도라는 기조를 통해 유산문화의 의미와 가치를 새롭게 발견하여 재창
조하여 중요한 문화자원으로 특화하는데 목적이 있다. 이를 위해 지역
문화의 독창성과 연계하여 대표적인 역사교육·향토문화의 거점으로 특
화하며, 문화재의 융·복합적 활용을 통한 경제·사회·문화적 부가가치를
창출하기 위함이다.[209] 문화재청이 향교·서원을 통한 문화재 활용사업
은 아래와 같이 2014년부터 운영되고 있다.

연도별 향교·서원 활용사업 운영실태

년도	향교·서원 개수		총 운영콘텐츠 수
	향교	서원	
2014	24	14	1,837
2015	51	20	3,471
2016	55	22	3,218
2017	65	22	5,524
2018	70	25	6,901

출처: 문화재청, 「지역문화재 활용사업 10주년 계기 자생력 강화방안 연구」, 2018.

---

209) 문화재청, 「2018 향교·서원문화재활용사업 모니터링」, (2018): 34.

문화재청의 향교·서원 문화관광 콘텐츠는 역사적 공간과 철학적 가치가 지역의 자원과 결합한 체험콘텐츠다. 문화재청의 향교·서원 문화관광 콘텐츠는 가족·직장캠프, 문화·예술공간, 인문정신 함양, 평생교육의 장, 지역사회 거점, 우리문화 배움의 공간으로 문화재 가치를 현대적으로 활용하고 있다. 문화재청의 향교·서원 활성화를 위한 문화관광 콘텐츠는 아래와 같다.

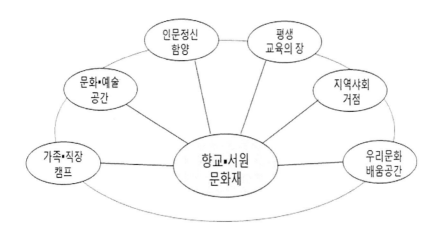

❙ 향교·서원 문화재 향후 방향

출처 : 문화재청, 2017 향교서원 문화재활용사업 공모 계획

문화재청이 2018년 향교·서원 문화재활용사업에서 운영한 운영 순위에서 가장 많이 운영된 콘텐츠는 선비체험, 진로탐색 체험, 전통문화 체험, 전래놀이 등 체험콘텐츠로 나타났다. 운영 순위 두 번째는 전통예절교실, 향교 및 유교 해설, 인문학강좌 등 교육콘텐츠다. 운영 순위 세 번째를 차지한 콘텐츠는 역사탐방, 유적답사 등 답사콘텐츠이며, 네 번째를 차지한 콘텐츠는 향교음악회, 전통혼례, 과거시험 등 행사콘텐

츠다. 운영 순위 다섯 번째를 차지한 콘텐츠는 유학 콘서트, 풍류한마
당 등 축제콘텐츠다. 여섯 번째 운영 순위는 지역이야기꾼 강좌, 다도
(전통차), 예절인력양성 등 인력양성콘텐츠다. 문화재청이 운영한 콘텐
츠 중 전시콘텐츠가 가장 낮은 운영 횟수를 보였으며, 운영 순위는 아
래와 같다.

2018년 향교·서원 문화재활용사업 콘텐츠 운영순위 및 콘텐츠 유형

콘텐츠 운영 순위	콘텐츠 유형	개수	내용
1	체험	177	선비체험, 진로탐색, 전통문화체험, 전래놀이 등
2	교육	108	전통예절교실, 향교 및 유교해설, 인문학 강좌 등
3	답사	58	역사 탐방, 유적답사, 박물관 견학 등
4	행사	45	향교음악회, 전통혼례, 과거시험 등
5	축제	20	유학 콘서트, 풍류한마당 등
6	인력양성	13	지역이야기꾼 강좌, 다도(전통차), 예절 인력양성 등
7	전시	2	현대 시 전시 등
콘텐츠 합계			462

출처: 문화재청, 「2018 향교·서원 문화재활용사업 모니터」, (2018): 37. 재인용

문화재청이 운영한 2018년 향교·서원 문화관광콘텐츠 참여율은 10
대가 26.9%로 가장 높았으며, 40대가 21.7%, 50대가 14.8%, 30대
가 11.7% 순으로 나타났다. 가장 낮은 참여율은 20대가 6.5%이며,
70대가 7.5%로 나타났다. 문화재청의 2018년 향교·서원 문화관광콘
텐츠 참여 분포도는 아래와 같다.

▌ 선비문화체험관 우리누리와 청학동예절학교 선비서당
ⓒ 선비문화체험관, 청학동예절학교

2018년 향교·서원 문화재 활용 콘텐츠 참여 연령층 분포도

구분	합계	10대	20대	30대	40대	50대	60대	70대 이상
인원수	4,398	1,182	286	516	955	651	477	331
비율	100	26.9	6.5	11.7	21.7	14.8	10.8	7.5

출처: 문화재청, 「2018 향교·서원 문화재 활용 사업 모니터」, 51에서 재구성.

문화재청이 운영한 2018년 향교·서원 문화재활용사업 콘텐츠는 향교 서원의 프로그램을 살펴보면 전통의 가치를 현대인의 삶에 맞게 진행하였다. 문화재청이 운영한 향교·서원 체험콘텐츠가 파인과 길모어(Pine & Gilmore)의 체험경제이론 요소(4Es)와 브랜드개성의 적용에 대해 권역별 대표적 사례를 정리하였다. 문화재청이 수도권(서울, 인천, 경기) 지역에서 운영한 2018년 향교·서원 문화재활용사업 콘텐츠는 아래와 같다.

2018년 수도권 향교·서원 문화재활용사업 콘텐츠 운영

연번	지역		향교명	콘텐츠명
1	서울	강서구	양천향교	양천향교, 전통의 가치를 새롭게 디자인하다
2	인천	남구	인천향교	인천향교 전통문화 삼색감동 체험
3		강화군	교동향교	섬마을 문화바람, 교동향교!
4	경기	수원	수원향교	향교골에서 만난 정조 임금님
5		포천	포천향교	톡투유 Talk to 儒
6			용연.화산 서원	오성과 한음이 들려주는 다양한 이야기
7		고양	고양향교	2018 행복학교 고양향교
8		오산	궐동학교	행단에 열린 꿈 궐동학교
9		평택	진위향교	진위향교 풍류놀이
10		양주	양주향교	사람답게 나답게
11		김포	통진향교	발칙한 유생들, 향교에서 새날을 열다!
12			김포향교	김포향교! 3D 스캔을 만나 움직이다
13		양평	운계서원	미션! 사라진 동재.서재를 찾아라
14		파주	자운서원	율곡코드(YulgokCode)
15		용인	심곡서원	심곡서원, 더불어 사는 세상을 꿈꾸다

출처: 문화재청, 2018, 문화재 활용 활성화를 위한 기반조성 방안 마련 연구보고서 에서 재구성

양천향교는 군자의 예를 현대인들의 삶 속에 체득되게 하는 육예(六藝)를 체험콘텐츠를 운영하였다. 육예체험은 관광객들에게 선비문화의 예법을 알게 하는 교육적 체험이다. 양천향교의 교육적 체험은 전통교육 을 드론 및 3D 프린팅 등을 통해 현대적으로 체험하게 하였다. 양천향교 는 교육적 체험을 갖추고 있으며 브랜드개성은 전통성을 강조하고 있다.

인천향교는 전통문화를 체험하여 계승한다는 의미로 세대가 어울리는 가족체험콘텐츠로 구성하였다. 가족체험콘텐츠는 재미를 강조한 오락적 체험콘텐츠로 브랜드개성은 역동성을 갖추고 있다. 한국 최초 향교인 교동향교는 향교의 역사와 문화재적 가치를 배우는 교육적 체험을 구성하여 브랜드개성의 전통성을 갖추고 있다.

　수원향교는 유생체험과 문화재를 해설하는 <청소년지역해설사>를 양성하고 있다. 수원향교는 스토리텔링 기반 보드게임으로 수원향교의 역사를 알게 하는 교육적 체험과 힐링 체험(제호탕 시음, 족욕, 오수체험 등)으로 심미적 체험을 강조하고 있어 브랜드개성의 전통성과 혁신성이 높게 나타났다. 용인향교는 배양 인물을 통해 선비의 풍류를 현대적으로 해석하고 퀴즈와 게임을 통한 교육적 체험을 구성하였다. 용인향교의 풍류체험은 전통을 새롭게 해석하며 인근 양지향교, 심곡서원, 충렬서원 등과 연계하여 지역 문화에 대해 폭넓게 이해하는 기회가 되었다. 따라서 용인향교의 브랜드개성은 전통성을 적용하고 있다.

　자운서원은 율곡 이이의 업적과 역사적 내용을 스토리텔링 한 교육적 체험을 구성하였다. 율곡 이이의 공부 방법 중 가장 중요한 문답법을 활용하여 율곡 이이에 대해 재미있게 배워보는 교육적 체험으로 율곡을 브랜드화하였다. 자운서원의 브랜드개성은 전통성을 강조하고 있다. 김포향교는 한국의 정신문화로 마을의 중심이 되었던 향교를 과학적으로 체험하게 하였다. 김포향교의 과학적 체험은 3D프린팅, 드론, VR 등 전통문화를 현대적으로 활용하게 하는 교육적 체험으로 브랜드개성의 전통성을 담고 있다.

▌수원향교와 자운서원 현판
ⓒ 수원향교, 자운서원

　통진향교는 향교의 본래 기능인 교육 기능을 되살리기 위해 자유학기제를 통해 문화평등 기회를 제공하는 교육적 체험을 구성하여 브랜드개성의 전통성을 갖추고 있다. 광주향교는 공동체의 중심으로 마을을 이끌었던 향교가 현대사회에서도 공동체의 중심임을 체험하게 하였다. 광주향교의 체험콘텐츠는 옛이야기 들려주기와 공연 등 심미적 체험을 구성하였으며, 브랜드개성은 전통성이 주요 요소로 활용되고 있다.

　정조대왕의 인문학 사상으로 세워진 궐동학교는 지역의 소통과 창조의 인문학 교육을 체험하도록 구성하여 브랜드개성의 전통성을 갖추고 있다. 양주향교는 지역주민과 지역 청소년들에게 선비체험을 통해 향교의 전통문화를 체험하게 하였다. 양주향교의 체험은 과거에 머무르지 않고 옛것을 통해 새로움을 창의하게 하는 교육적 체험으로 구성하였으며, 양주향교의 브랜드개성은 전통성을 강조하고 있다.

　운계서원은 학교와 군부대를 찾아가서 하는 체험을 구성하였다. 운계서원은 인근지역의 지평향교와 용문사 등과 연계하여 작은 음악회와 문화체험행사를 구성하여 교육적 체험과 심미적 체험을 경험하게 하였다. 운계서원의 브랜드개성은 전통성이 높은 것으로 나타났다. 연천향교는 향교가 시대에 뒤떨어진 낡은 배움터라는 이미지를 벗게 하는 체험을 구성하였다. 연천향교의 체험은 유림과 청소년이 함께 놀며 배우는

<배움 놀이터>로 향교의 정체성을 재정립하는 교육적 체험과 오락적 체험이다. 연천향교의 브랜드개성은 전통성과 역동성이 높은 것으로 나타났다.

수도권 향교·서원은 파인과 길모어(Pine & Gilmore)의 체험경제이론 4요소 중 교육적 체험, 오락적 체험, 심미적 체험을 주로 갖추고 있으며, 브랜드개성은 전통성과, 역동성, 혁신성을 갖추었다. 수도권 향교·서원의 대표적 콘텐츠 사례는 다음과 같다.

첫째, 교육적 체험콘텐츠는 전통한옥의 멋과 스토리를 익혀 한국인의 주거문화와 삶의 형태를 알게 하는 향교 건축물 탐구가 대표적이다.

둘째, 오락적 체험콘텐츠는 청소년이 대상으로 동 연령대의 고민과 과제를 시공간을 넘나들며 풀어보는 전통유생 역할극 놀이가 있다.

셋째, 심미적 체험콘텐츠는 제호탕 시음과 한방, 족욕 그리고 오수체험 등을 통한 전통힐링 등이 있다.

넷째, 브랜드개성은 선비문화 체험과 한옥의 스토리 체험 등 전통성을 담고 있으며, 오락적 체험을 통한 역동성과 향교 건축물을 드론, 3D 프린팅, VR 등으로 직접 실측하는 등 혁신성이 높게 나타났다.

문화재청이 2018년 향교·서원 문화재활용사업으로 충청권(대전, 세종, 충남북) 지역에서 운영한 콘텐츠는 아래와 같다.

2018년 충청권 향교·서원 문화재활용사업 콘텐츠 운영

연번	지역		향교명	콘텐츠명
1	대	유성구	진잠향교	보고·배우고·느끼는 진잠향교 610년!
2	전	서구	도산서원	도산서원으로 떠나는 라온마실
3	세	세종	전의향교	전의향교 N 온고지신
4	종	세종	연기향교	연기향교, 다시 미래를 꿈꾸다

연번	지역		향교명	콘텐츠명
5	충북	진천	진천향교	창의적 자유학기제! 소통하는「문화사랑방」
6		음성	음성향교	음성향교 • 서원재탄생프로젝트 "좋지 아니한가?"
7		청주	청주향교	새로운 유교문화의 꽃을 피우다! 청주향교
8		괴산	화양서원	아방가르드 송자(宋)子 -'화양서원'
9		음성	운곡서원	음성향교·서원재탄생프로젝트 "좋지 아니한가?"
10		충주	팔봉서원	죽은 팔봉서원 살려내기
11		청주	신항서원	인문신호
12	충남	서천	문헌서원	온고지신 문헌서원
13		아산	온양향교	우리 가족 이야기 족보 만들기 '나의 뿌리를 찾아서'
14		홍성	결성향교	천년의 문화, 결성향교
15		논산	돈암서원	돈암서원 예 힐링캠프
16			연산향교	예와 충을 찾아 떠나는 역사여행
17			충곡서원	예와 충을 찾아 떠나는 역사여행
18		서산	해미향교	오래된 미래를 만나다
19		예산	예산향교	예산향교에서 화양연화를 스케치하다
29		보령	보령향교	보령향교에서 옛 문화를 만나다
21		공주	충현서원	우리동네 문화 사랑방

출처: 문화재청, 2018, 문화재 활용 활성화를 위한 기반조성 방안 마련연구 보고서에서 재구성.

610년의 역사를 간직하고 있는 진잠향교는 선비문화의 경험과 약선요리 등 전통문화를 배우고 활용하는 교육적 체험을 강조하여 브랜드개성의 전통성이 높게 나타났다. 도산서원은 유생 체험과 전통문화예술공연 등 전통문화의 교육적·심미적 체험을 담고 있으며 브랜드개성의 전통성을 중요시하고 있다.

┃ 안동 도산서원과 청주 신항서원
ⓒ 도산서원과 신항서원

　연기향교는 지역주민의 참여를 유도하는 체험콘텐츠를 구성하였다. 연기향교는 화전을 직접 부치는 세시풍속을 체험하게 하며, 전래놀이와 문화공연을 통한 심미적·오락적 체험을 하게 하여 브랜드개성의 전통성과 역동성을 담았다. 청주향교는 전통문화의 예절교육과 인문학 강좌뿐만 아니라, 유교문화 축제를 통한 오락적 체험과 일탈적 체험을 구성하여 브랜드개성은 역동성을 높이고 있다.

　신항서원은 선비극장, 인문 숲 학교, 마을미술 활동 후 디지털아트 표현하는 체험을 통해 서원의 가치를 현대화하였다. 신항서원 체험은 심미적 요소를 담았으며, 브랜드개성은 혁신성이 높았다. 화양서원은 강학과 토론의 교육적 체험과 뛰어난 지역자원인 화양구곡을 즐기는 일탈적 체험으로 구성하여 브랜드개성은 전통성을 갖추고 있다.

　팔봉서원은 주막체험과 옛길 걷기 등을 통한 문화생태 탐방, 카누타기 등 오락적 체험과 일탈적 체험을 통하여 브랜드개성이 전통성과 역동성에 관심을 가지고 있다. 직산향교는 목판, 포도 따기 등 오락적 체험과 조선 정조15년 직산현 객사에 보관되었던 전패 분실사건을 미션으로 수행하는 일탈적 체험을 운영하여 브랜드개성의 역동성을 갖추고 있다.

　충남의 최초의 사액서원인 충현서원은 선비정신을 효과적으로 구현할 수 있는 선비문화 디자인 체험과 놀면서 배우는 선비이야기 등 교육적 체험과 오락적 체험을 구성하여 브랜드개성을 전통성에 초점을 두고 있다. 온양향교는 향교의 중요성과 가치를 재조명하는 우리가족 족보 만들기와 전시회 및 향교 공간을 활용한 음악회로 교육적 체험과 심미적 체험을 구성하여 브랜드개성은 전통성을 갖추고 있다.

해미향교는 선비들의 발자취를 따라가 보면서 선비정신과 기개, 풍류사상을 교육과 체험으로 구성하여 브랜드개성의 전통성이 높은 것으로 나타났다. 유네스코 세계문화유산으로 등록된 돈암서원은 바른 예절문화를 익히며 올바른 인성을 갖는 교육적 체험으로 구성되어 브랜드개성의 전통성이 대표적이다. 문헌서원은 휘호대회와 청년인문캠프 등 문화유산을 이해하는 교육적 체험으로 구성되어 브랜드개성의 전통성을 강조하고 있다.

결성향교는 쉼 그리고 삶, 어버이학교, 도깨비상자, 천년의 숨 등 교육적 체험과 오락적 체험, 심미적 체험을 할 수 있으며, 브랜드개성은 전통성과 역동성을 갖추고 있다. 예산향교는 그림을 통한 유교의 가르침을 익히고, 신개념 한복 패션쇼 등 교육적 체험과 심미적 체험으로 구성되어 브랜드개성의 전통성과 혁신성을 갖추고 있다.

충청권 향교·서원은 파인과 길모어(Pine & Gilmore)의 체험경제이론 4요소 중 교육적 체험, 오락적 체험, 심미적 체험, 일탈적 체험을 갖추고 있음을 알 수 있다. 그리고 브랜드개성은 전통성과 역동성, 혁신성을 갖추고 있으며 충청권 향교·서원의 대표적 콘텐츠 사례를 분석한 결과을 요약하면 다음과 같다.

첫째, 교육적 체험콘텐츠는 휘호대회와 청년인문 캠프 그리고 강학과 토론, 족보 만들기 등이며, 오락적 체험콘텐츠는 전래놀이와 놀면서 배우는 선비문화의 디자인 체험 등이 있다. 둘째, 심미적 체험콘텐츠는 전래놀이와 문화공연 그리고 신개념 한복 패션쇼 등이며, 일탈적 체험콘텐츠는 정조15년 직산현 객사에 보관되었던 전패 분실사건을 미션으로 수행하는 역사체험 놀이 등이 있다. 셋째, 우리 가족 이야기 족보 만들기와 선비들의 기개를 엿볼 수 있는 상소문 재현 체험 등 브랜드개성의 전통성 담았다. 넷째, 역사체험 놀이와 카누타기 등의 체험을 통하여 브랜드개성의 역동성을 담고 있으며, 마을 미술을 디지털아트로 표현하는 기법을 사용하여 브랜드 혁신성을 강조하고 있다. 경상권(부산, 대구, 울산, 경북, 경남) 지역에서 운영한 2018년 향교·서원 문화재활용사업 콘텐츠는 아래와 같다.

2018년 경상권 향교·서원 문화재활용사업 콘텐츠 운영

연번	지역		향교명	콘텐츠명
1	부산	동래구	동래향교	향교스테이 운영
2		북구	칠곡향교	칠곡향교, 선조들 숨결, "仁"의 감동
3	대구	북구	구암서원	서원 빗장을 열다 "유(儒) 유(留) 상종"
4		달성군	도동서원	도동서원 내 마음의 주신을 부르다
5	울산	중구	울산향교	울산향교로 고(古)고(go)!
6		울주군	언양향교	언양향교와 함께, 3樂!
7		안동	묵계서원	꼬마도령의 놀이터
8	경북	경주	옥산서악서원	서원 네비게이션 타고 떠나는 시간, 공간 인성여행
9			경주향교	경주향교의 K-Culture형 글로벌선비樂, 유교樂
10		영천	영천향교	영천향교에서 선비를 만나다!
11		성주	성주향교	2018 성주향교 인성사랑(愛) 캠프
12		고령	고령향교	대가야Culture, 향교에서 다!! 다(多)!!

연번	지역	향교명	콘텐츠명
			다(All)!!
13	상주	옥동서원	선비정신과 콘텐츠의 어울림
14	포항	연일향교	충효예 향교를 깨우다!
15	구미	인동향교	예나 지금이나 인동향교
16		동락서원	2018 동락서원나들이: 여헌별곡
17	영양	영양향교	향교야! 같이 놀자
18	영주	영주, 순흥, 풍기향교	영주 3대 향교의 재발견
19		소수서원	소수서원 예약유 체험
20	청송	청송향교	청송향교, 옛 향기로움 속에 인본을 배우다!
21	사천	사천향교	사천향교야! 놀자
22		곤양향교	『어쩌다 선비』가 『당당한 선비』로
23	밀양	밀양향교	밀양향교·서원 천년의 풍류와 충절을 만나다
24	경남 함양	함양향교	남녀노소 함양향교에서 선비문화를 만나다
25	김해	월봉서원	글로컬 울봉- 전통에 주목하라
26	창녕	창녕향교	살아 숨 쉬는 향교 문화재 활용사업
27	진주	가호서원	가호서원 논어학교

출처 : 문화재청, 2018, 문화재 활용 활성화를 위한 기반조성 방안 마련연구 보고서에서 재구성

칠곡향교는 선비들의 충·효·예에 대해 배우며, 영남유교문화의 참된 가치를 체험할 수 있는 교육적 요소를 갖추고 있어 브랜드개성의 전통성을 담고 있다. 구암서원은 외국인 관광객과 유학생을 대상으로 한 선비문화를 체험하는 교육적 요소와 지역민들과 함께 서원음악회를 열

어 심미적 체험을 지역 특서에 맞게 구성하여 브랜드개성의 전통성이 높은 것으로 나타났다. 유네스코 세계문화유산으로 등재된 도동서원은 서원의 역사와 선비정신을 통해 인간의 기본 적인 윤리를 깨닫게 하는 교육적 체험을 갖추었으며, 브랜드개성은 전통성을 담고 있다. 울산향교는 전통놀이와 전래동화로 배우는 놀이터 체험과 봄 낭독회, 가을 페스티벌 등 문화재를 활용한 교육적 체험과 오락적 체험, 심미적 체험으로 구성되어 브랜드개성의 전통성과 역동성을 강조하고 있다.

언양향교는 선비문화의 예절과 향교의 의례식 참여, 스토리텔링을 통한 역사수업 등 교육적 체험을 구성하였다. 언양향교의 브랜드개성은 전통성을 담았다. 연일향교는 충효예정신과 선비정신을 현대적인 의미로 해석한 교육적 체험을 구성하였으며, 브랜드개성은 전통성을 갖추었다. 경주향교는 한복입기체험, 전통예절, 다도, 국궁, 윷놀이, 투호, 제기차기, 한옥체험 등으로 신라 천년의 유구한 역사문화를 이해하는 교육적 체험과 향교음악회로 심미적 체험을 구성하여 브랜드개성의 전통성을 갖추고 있다. 옥산서원은 고택체험, 다도체험 등 교육적·심미적 체험을 갖추고 있어 브랜드개성의 전통성이 높은 것으로 나타났다.

지례향교는 선비문화 계승을 위해 언어로 전하는 의병이야기, UCC 과거제 실시 등 뉴미디어와 연계한 교육적 체험, 오락적 체험을 갖추고 있으며, 브랜드개성의 전통성과 혁신성을 담고 있다. 묵계서원은 세대가 함께하는 전래놀이와 가족 탈 만들기로 공동체에 대한 교육적 체험과 오락적 체험을 구성하여 브랜드개성은 전통성과 역동성을 갖추고 있다. 동락서원은 배향인물을 통해 선비들이 즐긴 문화와 예술을 경험하는 역사교육과 진로체험 등 교육적 체험으로 구성되었으며, 브랜드개성은 전통성을 갖추고 있다. 선산향교는 장구, 우리 소리 정가 체험, 한복체험 등 다양한 전통문화를 경험하는 교육적 체험과 심미적 체험을 갖추었으며, 브랜드개성은 전통성을 담고 있다.

유네스코 세계문화유산으로 등록된 소수서원은 제향문화와 전통생활 예절실습과 등 교육적 체험을 갖추었으며, 브랜드개성의 전통성을 강조하고 있다. 영주향교는 선비문화를 계승하는 교육적 체험과 브랜드개성은 전통성을 담고 있다. 영천향교는 지역문화의 정체성 확립을 위한 인성, 도덕, 의례 등 교육적 체험과 브랜드개성은 전통성을 갖추고 있다.

　옥동서원은 호흡명상, 몸 풀기 운동, 차 명상 등 정신수양을 위한 심미적 체험과 브랜드개성은 전통성을 갖추었다. 경산향교는 유·불·선 문화체험과 함께 지역에서 생산되는 농산물로 만든 음식과 차를 마시며 교양을 함양하는 콘서트를 통해 교육적 체험과 심미적 체험을 갖추었으며, 의 브랜드개성의 전통성이 높은 것으로 나타났다.

　청송향교는 선비육예가(예·악·사·어·서·수)와 청소년 대상 전통성년 예절에 대한 교육적 체험과 브랜드개성은 전통성을 갖추었다. 영양향교는 SNS에서 벗어나 선비들이 익히고 사용한 한자를 통한 전통문화를 폭넓게 이해하는 교육적 체험과 전통 민요와 전통악기를 익히는 심미적 체험을 구성하여 브랜드개성의 전통성, 역동을 담고 있다. 고령향교는 대가야와 조선시대의 정신문화를 계승하기 위해 대가야선비 풍류체험 (국악체험/다례체험), 대가야 철기군 체험, 지산동 고분군을 야간에 둘러보는 트래킹, 대가야 박물관 투어 등 교육적 체험을 갖추고 있으며 브랜드개성은 전통성을 담고 있다. 성주향교는 음악태교와 유치원 다도교실, 선비노래 정가교실 등 심미적 체험을 갖추었으며, 브랜드개성은 전통성을 강조하고 있다.

　진해향교는 향교에 대한 지역민들의 자긍심을 높이고 전통문화에 대한 이해를 위해 가야금, 해금, 소금 등 국악기를 배우는 교육적 체험과 심미적 체험으로 구성하였으며, 브랜드개성은 전통성을 담고 있다. 가호서원은 한옥 체험·한문경서 암송대회, 전통음악·악기·가요·무용 등 교육적 체험과 심미적 체험을 갖추고 있어 브랜드개성은 전통성을 담고 있다. 사천향교는 예절교육, 명륜당 체험 다례, 승마, 활쏘기, 등 만들기, 염색하기 등 다양한 교육적 체험과 오락적 체험을 갖추고 있으며, 브랜드개성의 전통성과 역동성을 강조하고 있다. 곤양향교는 전통한지를 이용한 문화관광상품을 개발하기 위한 한지 기능인을 양성하는 등 교육적, 심미적 체험으로 구성하여 브랜드개성의 전통성을 갖추고 있다.

창녕향교는 선비정신을 배우기 위한 예절교육과, 한문한시 강좌, 전통음악, 떡 만들기 등 교육적 체험을 구성하여 브랜드개성은 전통성을 담고 있다. 함양향교는 다도체험 및 과거시험 등 전통문화의 교육적 체험을 갖추고 있으며 브랜드개성은 전통성이다. 밀양향교는 밀 풍류스테이와 선비풍류(風流) 공연 등 교육적·심미적 체험을 적용하였으며, 브랜드개성은 전통성을 갖추고 있다.

경상권 향교·서원은 파인과 길모어(Pine & Gilmore)의 체험경제이론 4요소 중 교육적 체험, 오락적 체험, 심미적 체험 갖추고 있으며, 브랜드개성은 전통성과 역동성, 혁신성을 갖추고 있다. 경상권 향교·서원의 대표적 콘텐츠 사례를 분석한 결과을 요약하면 다음과 같다.

❚ 영산향교, 창녕향교, 고성향교 명륜당, 밀양향교 현판
ⓒ 영산향교, 창녕향교, 고성향교, 밀양향교

첫째, 교육적 체험콘텐츠는 은 선비문화의 예절과 향교의 의례식 참여, 스토리텔링을 통한 역사수업 등이며, 오락적 체험콘텐츠는 하회탈로 유명한 지역의 독창성을 유지하기 위해 가족 탈 만들기 콘텐츠를 등을 확대하고 있다. 둘째, 심미적 체험콘텐츠는 고택체험과 한복입기 등이며, 브랜드개성은 한국의 소리인 정가체험, 한복체험 등을 통해 전통성 담고 있다. 셋째, 브랜드개성은 전통 타악기 체험, 고분군 야간 트래킹, 승마, 활 쏘기 등을 통해 역동성이 높고, UCC 과거제 실시, 전통한지를 통한 문화상품 개발 등 혁신성을 담고 있다. 전라권(광주, 전북, 전남)지역에서 운영한 2018년 향교·서원 문화재활용사업 콘텐츠는 아래와와 같다.

2018년 전라권 향교·서원 문화재 활용사업 콘텐츠 운영

연번	지역		향교명	콘텐츠명
1	광주	남구	광주향교	온고지신과 인성교육 현장교실 운영
2		광산구	월봉서원	월봉서원 '광산달망' 하다
3		광산구	무양서원	도심 속의 무양(武陽, in the city)
4		서구	도산서원	도산서원으로 떠나는 라온마실
5	전북	남원	남원향교	향교에서 만난 군자, 바로 YOU!
6		군산	임피향교	드림트리스쿨
7		완주	고산향교	고산 유생儒生, 留學하다
8		익산	함열향교	함열향교, '풍속은 화순이요, 인심은 함열이라
9		임실	임실향교	어이 유생(儒生)! 유생(乳生)!
10		진안	진안향교	미래의 꿈과 과거의 정신을 품은 진안향교

연번	지역		향교명	콘텐츠명
11		김제	김제향교	배우고 맛보고 불러보고 즐기는 '4樂김제'
12		순창	순창향교	조선시대 선비들, 순창향교에 모였네!
13		정읍	무성서원	최치원의 사상과 현가루의 풍류를 찾아서
14	전남	나주	나주향교	나주향교 굽은 소나무 학교
15		장성	장성향교	청렴·절의·의기 찾아 떠나는 선비문화체험 여행
16			필암, 고산서원	
17		곡성	곡성·옥과향교	축제한마당
18			덕양서원	과거 보고 신나게 놀자
19		구례	구례향교	Happy 구례향교
20		강진	강진향교	향교인 듯! 향교 아닌?
21		담양	창평향교	창평향교 은행나무 학교
22		순천	순천향교	"순천" 하늘의 이치를 따르다.
23		해남	해남향교	자유학기제와 함께하는 해남 유생 선발 대회
24		화순	능주향교	오락호락한 온고지신
25		여수	여수향교	Restart! 여수향교 -다시 시작하는 100년,여수향교
26		영암	영암향교	영암향교 인성학교
27		화순	화순향교	화순지학 향교지락

출처: 문화재청, 2018, 문화재 활용 활성화를 위한 기반조성 방안 마련연구 보고서에서 재구성

월봉서원은 선비체험과 함께 서원의 스토리를 담은 사계절 밥상과 고봉과 퇴계의 사상적 로맨스를 다룬 연극공연으로 관객의 참여를 유도한다. 월봉서원의 프로그램은 교육적, 오락적, 심미적 체험으로 구성되었으며, 브랜드개성은 전통성을 갖추고 있다. 무양서원은 배양인물을

통한 선비들의 마음건강을 위한 교육적, 오락적 체험을 구성하였으며, 브랜드개성은 전통성을 담고 있다.

임피향교는 예절교육과 절기 음식체험, 여유락 공연 등 교육적, 오락적 체험을 구성하여 브랜드개성의 전통성을 강조하고 있다. 함열향교는 1박 2일 유생들의 삶을 현대화시킨 프로그램으로 가족공동체 지역공동체의 인문학적 결속력을 다지는 교육적, 오락적 체험을 구성하여 브랜드개성의 전통성을 갖추고 있다.

무성서원은 최치원과 함께 서원이 배향한 인물을 통해 고전의 지례를 느끼는 서원 본연의 교육적 체험을 구성하여 브랜드개성은 전통성을 담고 있다. 남원향교는 국내 판소리 다섯 마당 중 <춘향가> <흥보가>와 더불어 동편제 발상지로서 국악공연과 전통놀이 등 교육적·오락적·심미적 체험을 구성하고 있으며 브랜드개성은 전통성과 역동성을 갖추고 있다.

김제향교는 생진원시를 재현하여 시민들이 김제시에 바라는 시제로 시민의 소리를 전달하고, 벼농사가 특화된 김제지역의 쌀로 떡을 만들며 지역적 특성과 전통음식에 대해 이해하는 교육적, 오락적 체험을 구성하고 있으며, 브랜드개성은 전통성을 갖추고 있다. 고산향교는 오륜행실도의 석진단지를 모티브로 한 전통자수 배우기와 가야금 만들기 등 교육적 체험과 심미적 체험을 갖췄으며, 브랜드개성은 전통성을 담고 있다.

장수향교는 1407년 창건 후 소실되지 않은 대표적인 향교로 향교 본연의 가치와 의미를 알리는 교육적 체험으로 구성되어 브랜드개성은 전통성을 갖추고 있다. 임실향교는 배움을 경영하라는 취지하에 한지와 한지공예품 만들기, 도자타일로 마을가꾸기, 치즈 만들기, 유생 바리스타, 로컬 국악단 등 교육적, 오락적, 심미적, 일탈적 체험으로 구성하고 있으며, 브랜드개성의 혁신성을 강조하고 있다.

순창향교는 전통놀이를 통한 교육적, 오락적 체험을 구성하였으며, 브랜드개성은 전통성을 담고 있다. 무장향교는 교재개발, 유학 강의, 예절교육, 붓글씨 쓰기, 전통놀이 등 교육적 체험을 구성하여 브랜드개성의 전통성을 갖추고 있다. 여수향교는 선비문화를 통한 인문학 관련 직업군을 탐색하고, 로봇 코딩교육 등 전통에서 혁신을 찾는 교육적 체험과 문화예술마당을 통한 심미적 체험을 구성하고 있으며, 브랜드개성은 전통성과 혁신성을 갖추고 있다.

순천향교는 지도와 책에서 지역문화를 찾는 교육적 체험을 구성하였으며, 브랜드개성은 전통성을 갖추고 있다. 나주향교는 역사인물의 이야기를 놀이로 만들어 체험하게 한다. 나주향교의 배양인물과 지역문화를 통한 이야기 놀이와 강좌는 역사문화에 대한 소양을 갖춘 이야기꾼을 양성하는 교육적, 오락적 체험으로 구성하고 있으며, 브랜드개성의 전통성을 갖추고 있다.

창평향교는 인문학 강좌와 전통음악회를 통해 교육적 체험과 심미적 체험으로 구성하여 브랜드개성의 전통성을 담고 있다. 곡성향교는 전통문화 교육을 TV예능처럼 구성하여 미디어에 익숙한 청소년들의 참여도를 높였으며, 학생들과 지역민, 관광객들이 함께하는 과거급제자 시가지 행렬을 진행하는 등 교육적 체험, 오락적 체험, 일탈적 체험을 구성하고 있으며, 브랜드개성의 전통성과 역동성을 갖추고 있다.

구례향교 즐거운 향교(만천명월향교야), 유익한 향교(힐링고전, 삼자경중국어), 글로벌 향교(Englihs in 향교) 등 교육적 체험을 구성하여 브랜드개성의 전통성을 갖추고 있다. 화순향교는 미션이 있는 화순 유적지답사와 생태 유생체험, 그리고 전통놀이와 공연이 어우러진 마을축제 등 3개 프로그램 운영하여 교육적, 오락적 체험을 구성하고 있으며, 브랜드개성의 전통성을 갖추고 있다.

장흥향교는 인문학 전통예절 및 문화탐방 등 교육적, 심미적 체험으로 구성하여 브랜드개성의 전통성을 갖추고 있다. 강진향교는 차와 다례, 한복입기와 콘서트를 통한 향교의 대중화 등 교육적, 심미적 체험을 구성하여 브랜드개성의 전통성을 담고 있다.

해남향교는 문화유산 활동가 양성과 전통문화의 풍류를 위한 공연 등 교육적, 심미적 체험으로 구성하여 브랜드개성의 전통성을 갖추고 있다. 영암향교는 선비문화의 윤리도덕을 사자소학을 통해 깨닫게 하며, 찾아가는 인성교육으로 교육적 체험을 구성하고 있으며, 브랜드개성의 전통성을 갖추고 있다.

무안향교는 고궁달빛음악회, 전래놀이 계승자 양성 등 교육적, 심미적 체험으로 구성되었으며, 브랜드개성은 전통성을 갖추었다. 영광향교는 선비문화 체험과 선비 풍류체험으로 교육적, 심미적 체험을 갖추고 있으며, 브랜드개성은 전통성을 담고 담고 있다. 유네스코 세계문화유산으로 등재된 필암서원은 1박2일 동안 조선시대 선비의 일과를 체험하며, 문화유산교육사를 양성하는 등 교육적 체험을 구성하고 있으며, 브랜드개성은 전통성을 갖추고 있다.

▌ 광주향교와 무안향교 대성전
ⓒ 광주향교와 무안향교

전라권 향교·서원은 파인과 길모어(Pine & Gilmore)의 체험경제이론 4요소 중 교육적 체험, 오락적 체험, 심미적 체험, 일탈적 체험을 주로 갖추고 있다. 브랜드개성은 전통성과 역동성, 혁신성을 갖추고 있으며 전라권 향교·서원의 콘텐츠 사례를 분석한 결과을 요약하면 다음과 같다.

첫째, 교육적 체험콘텐츠는 유익한 향교(힐링고전, 삼자경중국어), 문화유산교육사를 양성 등이며, 오락적 체험콘텐츠는 이야기 놀이, 유생 바리스타 등이 있다. 둘째, 심미적 체험콘텐츠는 고궁달빛음악회, 도자타일로 마을가꾸기, 절기 음식체험 등이며, 일탈적 체험콘텐츠는 전통놀이와 공연이 어우러진 마을 축제, 과거급제자 시가지 행렬 등이 있다. 셋째, 브랜드개성은 유적지답사와 생태 유생체험 등 전통성 담고 있으며, 전통문화의 예능 프로그램화, 인문학 관련 직업군을 탐색 등 오락성을 갖추고 있다. 그리고 치즈 만들기, 글로벌 향교(Englihs in 향교), 로봇 코딩교육 등 혁신성을 담고 있다. 강원·제주권 지역에서 운영한 2018년 향교·성원 문화재활용사업 콘텐츠는 아래와 같다.

2018년 강원·제주권 향교·서원 문화재 활용사업 콘텐츠 운영

연번	지역		향교명	콘텐츠명
1	강원	홍천	홍천향교	향교골 느티나무 선비와 만나다
2		원주	원주향교	리프레쉬 원주향교
3		영월	영월향교	내가 찾는 행복 과거로 미래로
4		고성	간성향교	간성향교에서 선비의 향기를 만나다
5		강릉	강릉향교	강릉향교, 문화유산 이야기꽃을 피우다
6		정선	정선향교	향교! 힘찬 나래를 펴다
7		삼척	삼척향교	함께해요, 문화가 향기로운 삼

연번	지역		향교명	콘텐츠명
				척향교
8		동해	용산서원	감성 아뜰리에, 용산서원
9	제주	제주	제주향교	제주향교에서 놀멍, 쉬멍, 배우멍!
10		서귀포	정의향교	우리 흔디 모영 향교 가게

출처: 문화재청, 2018, 문화재 활용 활성화를 위한 기반조성 방안 마련연구 보고서에서 재구성

춘천향교는 춘천시의 대표적 문화예술 콘텐츠인 마술 체험과 문화공연으로 심미적 체험을 구성하였으며, 브랜드개성은 역동성을 갖추고 있다. 원주향교는 지역 청소년들에게 과거시험과 전통문화 체험을 통해 교육적, 심미적 체험을 구성하여 브랜드개성의 전통성을 갖추고 있다.

강릉향교는 유교의 보물인 편액을 통한 숭향문화 이야기, 유학자들의 숨결을 찾아 떠나는 기행 등 교육적 체험을 구성하여 브랜드개성의 전통성을 담고 있다. 용산서원은 문화유산 전문가들과 함께 전통건축의 우수성을 배우고, 이를 토대로 문화유산을 지키고 홍보하는 <서포터즈>가 되어보는 교육적 체험을 갖추고 있으며, 브랜드개성은 전통성을 담고 있다. 삼척향교는 인문학 역사교실, 민화교실, 난타체험, 선비체험 및 인성교육 등 교육적 체험과 심미적 체험을 구성하여 브랜드개성의 전통성을 갖추고 있다. 홍천향교는 향교의 느티나무에 전해오는 삼강오륜에 대한 의미를 깨닫게 하고, <꼬마선비야 놀자> 프로그램으로 우리 문화에 대한 이해를 놀이로 접근하는 교육적, 오락적 체험으로 구성하고 있으며, 브랜드개성의 전통성을 갖추고 있다.

영월향교는 화전놀이를 통한 세시풍속을 이해하게 하고 전통적으로 행하는 성년례에 참여하는 기회를 제공하여 청소년들에게 건전한 성년 문화정신을 심어 주는 의례체험 등 교육적 체험, 심미적 체험을 구성하

고 있으며, 브랜드개성은 전통성을 갖추고 있다. 정선향교는 지역의 유명 전통시장인 정선 5일장과 연계하여 정선아리랑극 등 전통문화를 체험하는 심미적 체험으로 구성하였다. 정선향교의 브랜드개성은 전통성을 담았다. 간성향교는 선비문화를 문·무로 체험할 수 있는 교육적, 오락적, 심미적 체험으로 구성하여 브랜드개성은 전통성을 담고 있다. 양양향교는 여성 결혼이민자를 대상으로 유교예절에 대한 강의와 향초, 캘리그라피 등 교육적 체험, 오락적 체험을 구성하여 브랜드개성은 전통성을 갖추고 있다.

제주향교는 과거시험을 현대에 맞게 재현하고, 일상에서 자신의 마음을 다스리는 명상법과 자가 치유법 등 교육적 체험과 심미적 체험을 갖추고 있으며, 브랜드개성의 전통성을 담고 있다. 정의향교는 선비문화 체험을 통한 인성교육과 전통혼례 체험으로 혼례를 통한 참된 삶을 알게 하는 교육적 체험으로 구성하고 있으며, 브랜드개성은 전통성을 갖추고 있다. 대정향교는 인문학과 청소년 교육을 중심으로 교육적 체험으로 구성하여 브랜드개성의 전통성을 담고 있다.

강원권과 제주권 향교·서원은 파인과 길모어(Pine & Gilmore)의 체험경제이론 4요소 중 교육적 체험, 오락적 체험, 심미적 체험,을 주로 갖추고 있으며, 브랜드개성은 전통성을 갖추고 있다. 강원권 향교·서원의 대표적 콘텐츠 사례는 분석한 결과를 요약하면 다음과 같다.

첫째, 교육적 체험콘텐츠는 과거시험, 전통혼례 등이며, 오락적 체험콘텐츠는 <난타체험>, <꼬마선비야 놀자> 등이 있다.

둘째, 심미적 체험콘텐츠는 정선아리랑극, 마술 체험, 유학자들의 숨결을 찾아 떠나는 기행, 명상법과 자기치유법 등이 있으며, 브랜드개성은 전통문화 체험, 선비문화의 문·무 체험 등 전통성을 담고 있다.

▌원주향교 외삼문, 춘천향교 대성전, 간성향교, 평창향교 홍살문

ⓒ 원주향교, 춘천향교, 간성향교, 평창향교

4부

향교 · 서원
운영 사례

1. 주요 향교·서원의 운영 사례와 인터뷰

　향교·서원 문화관광콘텐츠 운영사례는 성균관유교문화활성화사업단에서 전국 향교·서원을 대상으로 공모하여 엄선한 10군데(진주향교, 청주향교, 월봉서원, 강릉향교, 대정향교, 동래향교, 양주향교, 영주향교)의 콘텐츠 중에서 선택한 사례다. 향교·서원 문화관광콘텐츠는 공모에 당선된 향교·서원들의 콘텐츠가 현장에서 운영될 때 체험콘텐츠로 관광객들에게 유교문화와 지역문화의 연계성의 원활한 진행을 위해 콘텐츠 운영 전 전문가 컨설팅단이 투입되어 콘텐츠의 운영의 전반적인 과정을 수정·보완하여 실제 운영에서 리스크의 최소화를 이끌었다. 그뿐만 아니라 콘텐츠 운영 중에 모니터링단이 참여하여 콘텐츠의 운영에 대해 관광객들이 느끼는 체험에 대한 성과를 체크하였다. 참여한 전문가들의 컨설팅과 모니터링은 향교·서원의 콘텐츠의 객관적인 평가로 콘텐츠 운영을 위한 기초 자료로 활용되었다.

　성균관유교문화활성화사업단에서 전국에서 공모한 향교와 서원 문화관광 콘텐츠는 전국 10개의 향교·서원에서 운영되었는데 5천만 원의 국고 예산이 지원되는 콘텐츠 3개와 2천만 원의 국고 예산이 지원되는 7개 콘텐츠로 나뉘어 운영되었다. 이 중 10개소 향교 및 서원에는 문화관광 콘텐츠를 계획·진행을 위한 전담인력인 '청년유사'가 국고에서 지원하는 인건비를 받으며 콘텐츠를 운영하여 문화관광콘텐츠와의 연계성을 확보하였다.

향교·서원의 문화관광콘텐츠는 일반적인 문화관광콘텐츠와 달리 유교문화의 체험과 지역의 전통문화 유산에 대한 이해가 있어야 한다. 유교문화가 전통문화의 한계점을 극복하고 지역의 독창적인 문화자원이 되기 위해서는 문화관광콘텐츠를 현대적 관점에서 개발할 필요가 있다. 특히 한국의 서원이 세계문화유산으로 등재되어 향교·서원의 세계화를 위한 다양한 각도의 접목이 필요한 시점이다. 문화콘텐츠 브랜드개성은 전통성과 혁신성 그리고 역동성을 분석 기준으로 설계하였다. 관광체험은 교육적 체험, 오락적 체험, 심미적 체험, 일탈적 체험을 분석 기준으로 설계하였다. 체험 후 평가는 관광만족과 추천의도를 분석 기준으로 설계하였다. 향교·서원의 문화관광콘텐츠 운영사례 분석에 대한 인터뷰의 질문은 아래와 같다.

향교·서원의 문화콘텐츠 인터뷰 질문

변수	분석기준	질문
문화 콘텐츠 브랜드 개성	전통성	방문했던 향교·서원의 문화콘텐츠는 잘 보존되어 있고, 아름다우며, 자연친화적이면서 편안한지를 어디에서 발견할 수 있었는가?
	혁신성	방문했던 향교·서원의 문화콘텐츠는 창의적이며, 독특하거 모험적인 면을 어디에서 발견할 수 있었는가?
	역동성	방문했던 향교·서원의 문화콘텐츠는 국제적이고 융합적이며, 세련된 면을 어디에서 발견할 수 있었는가?
관광체험	교육적 체험	방문했던 향교·서원에서의 경험은 나의 견문의 폭을 넓혀 주고, 이에 대해 많은 것을 배우고 새로운 것이 호기심을 자극시키고, 참된 학습체험을 어디에서 발견할 수 있었는가?
	오락적 체험	방문했던 향교·서원에서의 경험은 즐겁고, 내 마음을 사로잡는 특별한 것이며, 재미있었던 면은 어디에서 발

		견할 수 있었는가?
	심미적 체험	방문했던 향교·서원에서의 분위기는 매력적이고 분위기가 흥미로우며, 조화롭게 잘 구성되고 감성을 자극하게 한명은 어디에서 발견할 수 있었는가?
	일탈적 체험	방문했던 향교·서원에서의 경험은 전혀 다른 성격의 사람으로 변하게 하고, 존재감으로 느끼며, 다른 사람인 것처럼 상상하고 평소의 일상을 완전히 잊게 하는 내용 등은 어디에서 발견할 수 있었는가?
체험 후 평가	관광만족	방문했던 향교·서원에서의 체험에 만족하고 잊을 수 없으며, 관광하기 좋은 곳으로 관광할 가치가 있는 면은 어디에서 발견할 수 있었는가?
	추천의도	방문했던 향교·서원에서의 체험을 지인에게 추천할 의향과 주변 사람에게 긍정적으로 이야기하고, 체험에 대해 적극적으로 홍보 내용은 어디에서 발견할 수 있었는가?

2. 양주향교

1) 개관

경기도 양주시 부흥로에 위치해 있는 양주향교는 620년 가까운 역사를 지니고 있다. 양주향교는 태종 1년(1401)에 창건되었고, 임진왜란 때 소실된다. 그 후 1610년 광해군 2년에 재건되었다가 한국전쟁 때 다시 소실되었는데, 양주지방 유림들에 의해 1958년 대성전이 재건되었고, 1984년에 강학공간인 명륜당만 복원하고 동재와 서재는 복원하지 못하였다. 질풍노도의 역사를 지난 양주향교는 조선시대 동북쪽의 관문인 현재의 양주, 동두천, 의정부, 구리, 남양주, 노원구, 강북구, 중랑구, 도봉구 일대를 포함하는 큰 고을에 위치한 교육기관으로 경기도 문화재자료 제2호로 지정되어 있다.[210]

조선 전기에 국립교육기관으로 건립된 양주향교는 현대에도 유교문화의 보급을 위한 교육기관으로 적극 활용되고 있다. 양주향교는 지역의 유관기관과의 긴밀한 협조로 유교의 전통문화를 보급하기 위해 청소년 교육에 심혈을 기울이고 있어 지역의 청소년 인성교육의 장으로 알려져 있다. 양주향교는 향교의 기능을 살려 인성교육, 선통교육, 선비문화체험 장소로 활용하고 있다.

양주향교과 지역사회와의 연계에서 중요한 공간으로 인지된 것은 일

---

210) https://www.yangju.go.kr(2020.01.02.)

선학교 교육에서 하지 않는 교육콘텐츠 덕분이다. 양주향교가 그동안 운영해온 체험콘텐츠는 성인대상 <유교아카데미>와 교강사 대상 <교육프로그램>, 청소년 대상 <교육상담>, <심리상담>, 인성교육콘텐츠 <꿈학교>, <사람답게 나답게>, <전통성년례 향교 뜰 음악회>, <예스러움을 배우자>, <경전강독을 통한 전통문화학습> 등이다. 양주향교가 지역문화자원으로의 다양한 역할을 하고 있다는 것은 2015년 유교문화관광 1일 프로그램이 경기도관광공사의 우수프로그램으로 인증받은 것에서 알 수 있다.

❙ 양주향교

ⓒ 양주향교

2) 운영 배경

양주향교는 그동안 지역사회와 연계하여 양주향교의 도약을 위한 제반 여건을 마련해왔는데, 유교문화활성화사업으로 시행된 문화관광콘텐츠도 그중 하나다. 양주향교는 지역의 문화자원과 연계를 통해 양주향교를 지역문화의 거점으로 인지시키기 위해 문화관광콘텐츠를 운영하고 있다. 현재 양주향교가 보유한 인근 지역의 토지를 관광체험 장소로 개선하고 있는 것도 이러한 목적을 위함이다. 양주향교의 적극적인 노력은 전통문화를 현대에 맞는 콘텐츠로 발전시켜 지역뿐만 아니라 전국의 관광객들에게 양주향교를 알리고 활성화시키는 원동력이 되고 있다.

양주향교가 2018 성균관유교문화활성화사업단에서 진행한 문화관광콘텐츠의 참여자는 일반인 대상으로 모집하였으나, 자체 콘텐츠의 지속적인 운영으로 구축 된 인프라로 인해 모집 마감이 빠르게 진행되었다. 양주향교가 가지고 있는 전통문화콘텐츠의 매력과 지역과 연계한 콘텐츠의 매력이 관광객들의 관광목적에 부합된 결과다. 그러나 양주향교가 관광객 모집을 자체 인프라에 국한하여 진행한 점은 양주향교를 전국적으로 알려질 기회가 상쇄된다는 점을 간과하지 않을 수 없다.

문화관광콘텐츠 운영은 관광객들에게 다양한 체험의 기회를 제공하여 브랜드의 개성을 구축하는 데 있으며, 체험을 위해서 가장 중요한 항목이 관광객들의 편의성 제공이다. 양주향교의 체험콘텐츠는 교육적 체험과 오락적 체험을 통해 브랜드의 전통성을 잘 갖추고 있으나 관광객들을 위한 편의성 제공에서 숙박시설 확보에 어려움을 겪었다. 양주향교는 자체 숙박이 제공되지 않은 관계로 지역과 연계한 한옥촌 신선마을을 숙박시설로 지정하였으나, 50분 거리에 위치하고 있어 접근성의 불편함이 도래하였다. 양주향교가 문화관광콘텐츠를 운영과 지역사회의 연계성을 위하여 숙박시설과 편의시설의 원활한 연계가 필요하다.

양주향교는 그동안 자체적으로 운영해온 유교아카데미와 꿈의 학교 등지역 기반 문화콘텐츠를 운영해온 경험 있는 운영진들로 인해 문화관광콘텐츠 운영을 빠르게 숙지하였다. 그러나 문화관광콘텐츠 체험에 있어 각 콘텐츠별 체험할 시간을 충분히 고려해야 한다는 것과 장소의 안전성이 최우선임을 숙지하게 했다.

일례로 인두화 체험콘텐츠는 체험공간의 장소 협소로 인한 불편사항을 해소하기 위해 장소 이동을 권유하였다. 이와 함께 문화공연 및 특강은 강의가 아닌 전통문화를 직접 체험하는 콘텐츠로 조정하여 참여단의 집중도를 높일 필요가 있었다. 인두화 체험 등 체험 콘텐츠 진행시 보조진행자 등의 배치로 안전에 다각적 유의가 필요하다는 지적도 있었다.

3) 운영 과정

양주향교의 문화관광콘텐츠는 크게 <선비문화체험>과 <군자육례 따라잡기> 그리고 <이이의 생각을 담다>와 <하피첩 체험> 등 4가지 키워드로 아래와 같이 구성하였다.

양주향교 문화관광콘텐츠 운영과정211)

체험지	체험내용	특이사항
양주향교	양주향교 탐방 선비문화체험, 배례법, 도포입기,고유례, 고유례의 의미 - 군자육례 : 禮 문양에 마음을 담다 전통문양의 이해, 조상의 지혜, 다식의 의미 선비의 다도- 배려의 마음, 느림의 미학	선비문화 체험 배례법 군자육례 : 禮 배례법 도포입기 군자육례 따라잡기 군자육례 : 樂 산대놀이 전통놀이, 과거시험 군자육례: 書 지역문화 연계 아이의 생각을 담다 지역문화 연계 (다산 유적지) 히피첩 체험 생활 속의 전통문화 연계점 군자육례-'사(射)' 국궁
양주목관아	양주목관아 탐방 및 설명- 여민동락을 품다 선비, 리더의 모습으로 만나다.	
별산대	산대놀이 즐기기 -군자육례 '악(樂)'	
양주향교	전통놀이-놀이를 통한 리더의 모습 갖추기 배려와 협동심 배우기 과거시험 -군자의 육례-'서(書)'	
한옥촌 신선마을	숙소, 짐풀기, 놀이 결승전	
다산유적지	융합의 아이콘 정약용	
실학박물관	민을 생각하는 목민(리더)	
노강서원	향교·서원의 차이점과 같은점 찾기 박태보이야기, 족자 만들기	
무호정	국궁체험- 군자육례-'사(射)'	

양주향교의 문화관광콘텐츠는 1박 2일로 운영되었다. 관광객들은 양주향교에 집결하여 <선비문화체험>으로 일정이 시작된다. <선비문화체험>은 배례법과 도포입기 등 군자육례의 예에 대한 체험콘텐츠로 전통문양에 대한 체험과 선비의 다도를 체험하는 콘텐츠로 구성되어 있다. 관광객들은 미각을 충족시키는 식문화를 함께 체험한다.

양주향교의 문화관광콘텐츠는 지역문화의 연계 콘텐츠로 양주관아지와 양주별산대 탐방으로 이어진다. 양주관아지는 조선시대 관아터로 양주시가 보유하고 있는 중요한 문화자원이다. 산대놀이는 군자육례-악(樂)을 체험하는 양주시를 대표하는 문화예술 공연으로 지역민뿐만 아니라 관광객들이 선호하는 관광코스다. <군자육례 따라잡기> 전통놀이와 과거시험으로 군자의 육례-서(書)를 체험한다.

2일차는 지역의 문화자원과의 연계 콘텐츠 탐방과 체험의 시간이다. 양주향교와 인접해 있는 다산유적지와 실학박물관은 다산 정약용 선생의 생가인 여유당을 비롯하여 다산 선생의 모든 것을 만날 수 있다. <아이의 생각을 담다>는 실학자 정약용 관련 자운서원과 실학박물관, 다산유적지 등 조선후기 뛰어난 실학자들을 만나는 지역문화와 연계한 콘텐츠이다.

다산 정약용이 아들에게 보낸 글을 적은 <하피첩 체험>은 선비의 예와 효를 생활 속에서 지키자는 뜻을 담고 있는 체험콘텐츠로 관광객들이 양주향교 문화관광콘텐츠를 참여하는 의미를 담고 있다. 관광객은 노강서원 방문하여 양주향교와의 다른 점을 찾고 족자 만들기 체험에 참가한다. 중식 후에는 무호정에서 국궁체험으로 군자육례 사(射)를 체험한 후 양주향교로 집결하여 체험을 마무리하였다.

---

211) 성균관유교문화활성화사업단,「2018 유교문화활성화사업 모니터링 결과보고서」, 38.

4) 운영 실적

양주향교에서 진행한 성균관유교문화활성화사업단(2018)의 문화관광콘텐츠는 <선비 융합을 품다>라는 타이틀로 총 4회에 걸쳐 128명의 관광객들이 참여하였다. 1회차는 6월 29일~30일에 운영되었고, 28명이 참여하였다. 2회차는 9월 28일~29일 운영되었고, 37명이 참여하였다. 3회차는 10월 19일~20일 운영되었고, 33명이 참여하였다. 마지막 4회차는 11월 3일~4일 운영되었고, 30명이 참여하였다. 양주향교의 체험콘텐츠는 <선비문화체험>과 <이이의 생각을 담다> 그리고 <하피첩 체험>, <군자육례 따라잡기>는 교육적 체험이며, <양주목관아>와 <별산대> 체험은 오락적 체험이다. 따라서 양주향교의 문화관광의 체험은 교육적 체험이 체험콘텐츠의 대다수를 이루고 있다.

성균관유교문화활성화사업단의 모니터링 결과보고서는[212] 양주향교의 체험콘텐츠가 유교문화의 가치를 현대적 입장에서 재조명하는 형태로 구성되어 사업 취지에 적합하다고 평가하였다. 양주향교의 체험콘텐츠는 지역 조건을 고려하여 일정을 구성하였다. 그리고 <선비, 융합을 품다>는 주제의식에 부합하는 콘텐츠를 활용하여 진행자의 원숙한 진행은 흥미로웠고, 재미와 학습이 겸하는 구성이 독창적이라는 평가다. 다만, 해당 체험의 의미에 대한 충분한 교육은 이루지지 못하여 아쉬운 점도 있지만 육예체험이라는 목표가 적절하였다고 보았다.

양주향교는 선비문화 체험에서 <서> 체험을 인두화 체험으로 변경해 운영한 것은 독특한 시도다. 그러나 일정에 비해 체험콘텐츠가 많아 관광객들의 체험에 대한 만족도에 장애 요인이 되었다. 양주향교의

---

212) 성균관유교문화활성화사업단,「2018 유교문화활성화사업 모니터링 결과보고서」, 40-44.

<선비 융합을 품다>는 다른 향교나 서원과 달리 청소년 참가자들이 많이 참여하였다. 유교문화를 대하는 청소년들이 콘텐츠에 대한 만족도가 높게 평가된 것은 그동안 양주향교가 지역 청소년들을 대상으로 다양한 문화콘텐츠를 체험하게 한 사례이다.

양주향교는 문화관광콘텐츠에 참여한 사람들은 전체적으로 전통문화에 대한 관심도가 떨어졌으나 우리 문화에 대한 자부심은 강하게 나타났다. 콘텐츠 개선 방안에 대해서도 정신적 힐링에 도움이 되는 여행 콘텐츠 개발에 대한 욕구가 컸다. 특히 청소년들이 교육 활동에 지쳐 치유 콘텐츠에 대한 요구가 큰 것으로 나타나 앞으로 향교·서원이 지역 문화자원으로서의 역할과 방향에 대해 시사 하는 바가 크다.

양주향교 문화관광 체험콘텐츠에 대한 평가를 위해 운영자와 참여자 그리고 컨설팅 전문가들의 인터뷰를 진행하였다. 인터뷰는 서면인터뷰와 전화인터뷰로 진행하였다.

양주향교의 문화관광 체험콘텐츠가 선비문화를 통해 군자의 예에 대해 생각하는 시간이 되었으면 한다. 융합의 아이콘인 이이와 정약용의 삶에서 오늘날 우리들이 어떤 마음가짐으로 살아야 하는지를 진지하게 고민하고 성찰함으로써 전통문화에서 배운 지혜로 멋진 삶을 설계할 것이다.(연구 참여자 M. 교육적 체험, 2020. 02. 20 서면인터뷰)

유학자들의 삶을 경험하는 시간은 마치 시간을 이동하여 옛날 선비가 된다는 것은 현재의 나에서 탈피하는 새로운 경험이다. 특히 육례 체험은 조금 더 내 자신에게 엄격해야겠다는 성찰의 시간이었다. (연구 참여자 B. 교육적·일탈적 체험 2020. 02. 20. 서면인터뷰)

양주향교는 전통적인 체험으로 교육에 치우치는 콘텐츠가 너무 많은데 양주목관아와 별산대는 우리의 전통문화를 재미있게 접할 수 있어서 기억에 남는다. (연구 참여자 C. 오락적 참여 2020. 02. 25. 서면인터뷰)

양주향교에서의 1박 2일은 전통문화를 새롭게 체험하는 시간이었다. 선비문화 체험은 학교 교육에서는 체험할 수 없는 다양한 체험거리가 많아서 좋았다. 기회가 되면 아이들하고 방문하고 싶고, 더 많은 향교·서원을 방문하고 싶다. (연구 참여자 O. 교육적 체험 2020. 02. 20. 전화인터뷰)

양주향교의 문화관광콘텐츠는 육례를 통한 의례 중심의 교육적 체험을 바탕으로 한 콘텐츠로 운영되었다. 옛 조상들의 삶에 어떻게 예(禮)가 바탕이 되고 중심이 되는가를 촘촘한 일정표를 통해 자연스럽게 체험할 수 있게 구성되었다. 단, 너무 많은 콘텐츠로 지칠 수 있으므로 중간 중간에 쉴 수 있는 자유 시간을 주는 것이 좋다고 생각한다. 연구 참여자 D. 교육적 체험, 2020. 02. 25. 서면인터뷰)

체험콘텐츠에 참여한 사례연구 참여자들에 의하면, 양주향교는 지역문화자원과 연계한 문화관광프로그램으로 다산유적지에서 조선후기 실학자 다산 정약용과 자운서원의 이이 등의 삶을 대하면서 시대를 뛰어넘는 통찰력을 통해 미래시대를 열어갈 융합에 대한 탐구는 교육적 체험이었다고 하였다. 양주향교의 선비체험은 교육적 체험과 함께 일상의 삶에서 벗어나는 시간여행을 한 것 같은 착각을 가지게 한 일탈적 체험을 경험하였다고 언급하였다. 사례연구 참여자들이 교육적 체험 속에서도 일탈적 체험을 중복으로 느낄 수 있는 것은 체험콘텐츠가 복합적 감정을 경험하게 하는 요소가 내재된다는 것을 알 수 있다.

양주관아와 별산대 체험은 양주향교가 지역문화자원과 연계한 오락적 체험으로, 전통문화 체험콘텐츠가 진부하고 시대에 뒤떨어지는 감성이라는 것을 일축하고 있다. 따라서 전통문화 체험콘텐츠가 일상에서 쉽게 할 수 없는 오락적 체험요소를 구성한다면 전통문화에 대한 흥미로 이어지면서 관광객의 유입을 촉구할 수 있다.

사례연구 참여자들은 양주향교에서 선비문화를 체험하면서 전통문화

속에서 문화의 저력과 명맥을 발견하고, 한국문화를 이끌어 갈 후세들과의 재방문의사를 밝혔다. 양주향교의 교육적 체험콘텐츠가 재방문 의사로 이어진 것은 선비체험이 세대가 함께할 수 있는 자기 성찰의 긍정적 체험 콘텐츠라는 것을 입증하고 있다.

사례연구 참여자들은 양주향교의 체험콘텐츠가 교육적으로 삶의 흔적을 돌아볼 수 있어 대체적으로 만족하고 있으나, 관광문화의 본질적인 힐링과 쉼의 균형이 필요하다고 하였다. 양주향교의 체험콘텐츠는 사례연구 참여자들에게 교육적 체험, 오락적 체험, 일탈적 체험에 대체로 만족한 것으로 나타났다.

사례연구 참여자들은 군자의 육례인 예(藝), 악(樂), 사(射), 어(御), 사(書), 수(數)를 경험함으로써 선비문화를 쉽고 재미있게 이해하고 있으며, 양주향교에 체류하면서 시간과 공간의 이동을 통해 일상으로부터 벗어난 일탈을 경험하기도 한다. 뿐만 아니라 양주향교가 지역문화자원과 연계한 오락적 체험에 대해서도 긍정적이다. 그러나 양주향교의 문화관광 체험콘텐츠가 너무 많아 선비문화의 본연의 여유와 해학을 체험할 수 있도록 보완해야 한다.

3. 의성향교

1) 개관

경상북도 의성군 의성읍 도동리에 위치해 있는 의성향교는 620년이 넘는 역사를 지니고 있다. 의성향교는 1394년(태조3)에 지방민의 교육과 교화를 위해 창건되었다. 1545년(인종1)에 증수 한 기록 외에 전해지지 않고 있다. 기록에 의하면 조선시대에는 국가로부터 토지와 전적·노비 등을 지급받아 교관 1명이 전원 30명의 교생을 가르쳤으나, 갑오개혁 이후 신학제 실시에 따라 교육적 기능은 없어지고 봄·가을에 석선(목))을 봉행하며, 초하루 보름에 분향해 왔다. 경상북도유형문화재 제150호로 지정된 의성향교는 광풍루가 향교의 위풍당당함을 그대로 담고 있다. 광풍루에 마음을 빼앗기고 향교를 들어서면 대성전, 명륜당, 동재 등을 이어주는 너른 마당에 다시 한 번 마음을 빼앗기는데 광풍루와 너른 마당에서는 일선 학교 교육에서 하지 못하는 문화콘텐츠를 운영하는 공간으로 활용되고 있다.

청소년들의 예절과 생활 안전 및 심리상담 등 청소년인성교육의 교육의 장으로 활용되고 있어 좋은 반응을 얻었다. 특히 타 지역 향교·서원에서도 시행되고 있는, <유교아카데미>를 실시하여 선비문화에 대한 인문학적 소양을 쌓는 교육장으로 유교문화의 가치를 재조명하게 한다. 이와 함께 지역 어르신 대상 고전 연구는 <무노선비대학>은 의성군과의 협력으로 향교가 지역문화자원으로서의 역할을 확장하는 데 긍정적 반응을 이끌어냈다. 의성향교가 그동안 운영해온 체험콘텐츠는 청소년 대상 <충효교실>을 대표적으로 들 수 있다. 매년 여름방학을 이용 청소년 대상으로 지역유림과 향토사학자 및 전직 교사 등이 생활예절, 기초한자, 사자수학 및 현장 견학 등을 통해 청소년들의 가치관과 도덕성 및 충효와 예절교육을 통해 청소년기의 자아 정체성 확립과 전통문화의 이해와 자긍심 고취하였다.213) 그 외에도 지역민과 함께 지역 현안에 대한 <학술세미나> 등을 개최하여 지역의 정신문화의 본연의 역할을 이어가고 있다.

▌의성향교

ⓒ 의성향교

2) 운영 배경

의성향교는 자체운영 사업으로 매년 7월과 8월 지역 어르신 대상 기로연을 개최하는 등 지역사회와 연계성을 유지하고 있다. 의성향교의 유교문화활성화사업은 지역사회 연계를 강화하는 한편, 의성향교가 지역문화자원의 구심점이 되게 하는 데 목적이 있다. 의성향교는 의성지

---

213) 의성메아리, "의성향교, 청소년 충효교실 개최," 「의성메아리」 253 (2011): 3.

역의 특산물인 마늘이 지역 브랜드로 포지셔닝 되어 있어 지역문화자원과의 연계성이 용이하다. 지역사회는 독창성 있는 문화관광을 위해 전통문화의 보고인 의성향교와 연계하고, 활용할 필요가 있다.

의성향교는 지역문화자원으로서 향교의 역할 확대를 위해 문화관광상품을 개발하여 브랜드력을 제고할 필요가 있다. 의성지역의 특산물인 마늘은 의성향교의 스토리텔링을 연계한 문화관광상품으로 개발이 가능하다. 의성향교의 문화관광상품 개발은 의성지역의 문화지표의 확보와 시행 콘텐츠에 대한 행정기관과 공공기관과의 연대성 강화, 콘텐츠 개발 및 기획을 위해 실무진의 직무능력 강화가 필요하다.

의성향교는 실무진 직무능력 강화를 위해 전문가들로 구성된 전문위원회 발족과 전통문화에 대한 연구와 고증을 통한 차별화된 문화콘텐츠 개발을 선행되어야 한다. 의성향교가 젊은 세대에게 매력적인 문화공간으로 재인식 할 수 있는 콘텐츠 개발을 위해서는 지역공동체의 핵심 공간으로 향교 본연의 정체성을 확립하여야 한다.

의성향교가 지역사회의 문화관광의 중심지가 되기 위해서는 지역사회에서 지역문화자원으로써 의성향교에 대한 자긍심에서부터 출발된다. 의성향교가 지역사회에 공동체에 대한 가치와 인성교육의 중요한 공간 인식을 위해서는 지역사회의 각종 봉사활동의 출발점이 되는 콘텐츠 구축이 필요하다. 의성향교가 유교문화의 명맥을 이어가는 곳이 아니라, 지역사회 중심에서 전통문화를 체험하는 현장이 되어야 한다.

3) 운영 과정

의성향교의 문화관광콘텐츠는 크게 <알묘체험>, <운곡당 묵언체험>, <민산정 소원체험>, <유자정 탐방>, <나에게 편지쓰기> 등 5가지 키워드로 구성되었다. 의성향교의 문화관광콘텐츠는 1박 2일로 구성되었다. <알묘체험>은 전통관복을 입고 관광객들이 직접 석전대제에서 직접 고유례를 체험하는 콘텐츠다. 관광객들은 대성전과 봉심 배양인물 소개로 의성향교에 대한설명을 듣고 투호, 제기차기, 비석치기 등 전통놀이를 체험한다. 구체적인 사례는 아래와 같다.

의성향교 문화관광콘텐츠 운영 구성[214]

체험지	체험내용	특이사항
의성향교	향교견학 및 대성전 봉심. 배양인물 소개	알묘체험
전통놀이	투호, 제기차기, 비석치기	관광객들이 석전대제 체험
광풍루	다도체험	운곡당 묵언체험
봉양면	봉양자두밸리축제 참가	현대인의 삶 속의 전통문화 이입
소원풍등	소원풍등 날리기	민산성 소원체험
장기자랑	참가자 전원(자기 소개, 장기자랑)	일탈적 체험콘텐츠로 관광객들의 힐링시간
민산정	전통 한옥스테이	유자정 탐방
만취당	보물1825호 서애 유성룡선생의 탄생설화	유교문화에 대한 탐닉
유자정	천사 김종덕의 생애와 논어성독	나에게 편지쓰기
한국애플리스	명품사과와인 제조체험	관광객들의 재방문을 유도
조문국박물관	박물관 탐방	
소우당	소우당 해설	
점우당	산운마을 해설	
자아성찰	나에게 편지 쓰기	

의성향교가 문화관광콘텐츠의 시작을 놀이로부터 시작한 것은 유교문화에 대한 관광객들의 선입견을 다소 완화하려는 의도다. 동적인 전

214) 성균관유교문화활성화사업단, 「2018 유교문화활성화사업 모니터링 결과보고서」, 75.

통놀이 이후에는 정적인 다도체험으로 몸과 마음을 가다듬는 시간이다.

관광객들은 봉양면 자두배리축제에 참가하여 의성향교의 문화자원과 지역문화 자원과의 연계성을 체험하였다. 석식 이후에는 <운곡당 묵언체험>의 시간이다. <운곡당 묵언체험>은 운곡 이희발 선생의 종택 뒤뜰에서 우리나라 최초의 활화산인 금성산의 정기를 받으며 묵언명상을 하는 체험콘텐츠다.

<민산정 소원체험>은 고택 민산정에서 관광객 전원이 밤하늘에 소원을 담은 풍등을 날리며 가정의 건강과 행복을 비는 체험콘텐츠다. 전통문화를 체험한 관광객들은 자신의 소원을 담은 소원풍등으로 일상에 지친 삶에 대한 희망과 바람을 담으며 일탈을 체험한다. 장기자랑 시간은 관광객들이 서로를 소개하며 관광지에서 공동체에 대한 네트워크를 형성하는 효과를 가져왔다.

<만취당 탐방>은 관광객들에게 보물 1825호 서애 유성룡 선생의 탄생설화가 있는 지역의 인물에 대한 궁금증을 해소하게 한다. 이어서 <유자정 탐방>은 퇴계의 학맥을 마지막으로 계승한 천사 김종덕 선생의 일대기와 이 시대의 마지막 선비인 종손 김창회 선생의 논어성독을 감상하는 시간으로 진행되었다. <나에게 편지쓰기>는 관광객들에게 문화관광프로그램을 체험한 후기를 작성하게 하여 자기성찰과 충·효·인·의·예·지를 가슴 속에 새기게 한다. 이 편지는 5년 동안 의성향교에 보관하며, 관광객들이 5년 뒤 직접 찾아와서 보게 하는 체험콘텐츠로 관광객들의 재방문을 유도하였다.

4) 운영 실적

의성향교에서 진행한 성균관유교문화활성화사업단(2018)의 문화관광콘텐츠는 <유림 향기 가득한 의성 향교>라는 타이들로 총 5회차

168명이 참여하였다. 1회차는 7월 16일~17일에 운영되었고, 35명이 참여하였다. 2회차는 9월 18일~19일에 운영되었고, 35명이 참여하였다. 3회차는 10월 24일~25일에 운영되었고 30명이 참여하였다. 4회차는 11월 15일~16일 운영되었고, 36명이 참여하였다. 마지막 5회차는 11월 20일 당일 운영에 32명이 참여하였다.

의성향교의 문화관광콘텐츠는 5가지 키워드로 <알묘체험>은 교육적 체험이며, <운곡당 묵언체럼>은 심미적 체험이다. <민산정 소원체험>은 일탈적 체험이며, <유자정 탐방>은 교육적 체험이다. <나에게 편지쓰기>는 심미적 체험이다. 따라서 의성향교의 문화관광의 체험은 교육적 체험, 심미적 체험, 일탈적 체험으로 구성되었다.

성균관유교문화활성화사업단의 모니터링 결과보고서는[215] 의성향교의 체험콘텐츠가 의성지역의 유림 및 유교문화 자원에 대한 전반적인 소개와 설명을 중심으로 콘텐츠를 구성하여 유교문화활성화사업 취지에 적합하다고 평가하였다. 의성향교의 체험콘텐츠는 지역의 자연환경과 유적 탐방도 적절하게 배합하여 참여자들의 만족도를 유지, 향상시키는 효과를 거두었다고 보았다. 그러나 의성지역 유교문화와 지역문화와의 연결 면에서는 맥락에 대한 이해가 필요하다는 평가이다.

의성향교의 체험콘텐츠는 1일차 오전에 진행된 향교 봉심 체험이 관광객들에게 유교문화를 이해하게 하는 의미 있는 콘텐츠다. 2일차 만취당에서의 국악 공연은 공간과 전통문화의 시청각적 결합으로 관광객들이 반응이 좋았다. 향교 봉심 체험은 유교 의례와 절차들의 의미와 성격 등에 대한 집약적인 설명이 다소 부족하여 유교문화 콘텐츠를 처음 접하는 관광객들의 집중도를 높이지 못한 것으로 평가되었다. 금성산 묵언명상은 관광객들에게 합당한 시간과 상황이 조성되지는 못한 아쉬

---

215) 성균관 유교문화활성화사업단, 「2018유교문화활성화사업 모니터링 결과보고서」, 75-81.

움을 남겼다는 평이다. 의성향교가 타 지역에 비해 유교문화의 기반이 열악한 상태에서 유교문화를 지역문화자원으로 연계하려는 다양한 콘텐츠 구성은 돋보였으나 지역사회를 연계하는 데 있어서 브랜드의 공유가 필요하다.

의성향교 문화관광 체험콘텐츠에 대한 평가를 위해 운영자와 참여자 그리고 컨설팅 전문가들의 인터뷰를 진행하였다. 인터뷰는 서면인터뷰와 전화인터뷰로 진행하였다.

의성향교의 문화관광콘텐츠 운영에 있어 가장 어려웠던 점은 모객부분이었다. 해를 거듭할수록 점점 두려워지는 까닭은 관광객들의 관심을 끌 수 있는 체험이 있어야 한다는 중압감 때문이다. 전통문화를 통한 교육 외에도 어떤 콘텐츠를 개발하여야 관광객 만족을 할지를 늘 고민하고 있다. (연구 참여자 F. 교육적 체험, 2020. 02.20 서면인터뷰)

향교에서 분향을 통해서 예를 배웠는데 절차가 다소 복잡한 듯했으나 마음 가짐이 경건해지는 것을 느꼈다. 선비들이 의복을 차려입고 예를 갖추는 것은 자기 자신에 대해 예를 갖춘다는 것을 체험한 시간이었다.(연구 참여자 K. 교육적 체험, 2020 .02 .26. 전화인터뷰)

의성향교에서 유교문화를 통해서 선비의 삶을 체험했다. 1박 2일이 너무 짧게 느껴졌는데 이번 체험을 통해 자신을 엄하게 채찍질하는 것이 우리의 문화라는 것을 깨달았다. 이번 체험을 통해 많은 교훈을 얻었다. 한옥숙박도 깨끗하고 좋았고, 콘텐츠도 좋았다. 특히 <나에게 편지쓰기>는 나를 마주하면서 잊고 있던 나를 발견하게 한다. (연구 참여자 B. 심미적 체험, 2020. 02.21. 전화인터뷰)

우리의 전통문화를 체험할 수 있어서 좋았다. 향교에서 학교 교육에서는 배울 수 없는 인성교육을 정기적으로 하면 좋겠다. 낡고 오래된 공간이라는 고정관념을 버리고 청소년들의 흥미를 느끼게 하는 다양한 체험이 더 있으

면 좋겠다.(연구 참여자 I. 교육적 체험, 2020. 02. 20. 전화인터뷰)

　모객부분에서 힘든 모습이 보였다. 단체 모객을 받다 보니 모객 단체와 운영진과의 힘겨루기가 보일 정도였다. <u>일정은 실내교육과 실외체험과 탐방으로 적절히 잘 이루어지고</u> 잘 알려지지 않은 의성이라는 곳의 장점을 부각시킨 좋은 과정이었다.(연구 참여자 H. 교육적 참여, 2020. 02.29. 서면인터뷰)

　체험콘텐츠에 참여한 사례연구 참여자들에 의하면 의성향교의 체험 콘텐츠는 재미요소가 들어가야 관광객들의 감성을 사로잡고, 유입이 증가된다는 것을 인지하게 한다. 따라서 의성향교는 체험콘텐츠 개발을 위한 연구가 다양하게 마련되어야 한다. 사례연구 참여자들 중에는 의성향교의 알묘체험에서 그동안 한 번도 해보지 못한 특별한 일탈적 체험을 하였다고 한다. 의성향교의 알묘체험은 석전대제와 함께 묵언체험으로 자기 자신에게 예를 갖춰본 적이 없는 일상에서 벗어나 예를 갖추고 나를 마주하면서 느끼는 일탈적 체험이다. 의성향교 체험은 견문의 폭을 넓혀주고 전통문화에서 배울 수 있는 자기수양에 대한 심미적 체험이다.
　사례연구 참여자들은 의성향교의 교육적 체험이 실내와 실외 탐방으로 적절하게 이루어졌다고 설명하면서, 의성이라는 지역이 의성향교를 통해 더 많이 알려지는 계기가 된다고 한다. 사례연구 참여자들은 의성향교의 체험 콘텐츠에 대해 교육적 체험, 심미적 체험, 일탈적 체험으로 만족도를 나타냈다. 사례연구 참여자들은 선비문화를 처음 접하면서 복잡한 절차가 익숙하지 않아 어색하였지만 학교 교육에서 배울 수 없는 인성교육을 체험할 수 있다는 것에 만족을 나타냈다.
　의성향교는 2018 문화관광활성화 프로그램 운영에 있어 모객에 어려움을 겪었다. 의성향교가 문화관광 콘텐츠를 운영한 경험이 많지 않아 문화관광객들과의 네트워크가 형성되어 있지 않았기 때문이다. 의성향교가 교육적 체험콘텐츠를 오락적·심미적·일탈적 콘텐츠로 다양화 시켜야 한다.

4. 월봉서원

1) 개관

  광주광역시 광산구에 위치한 월봉서원은 퇴계 이황 선생과 사단칠정론을 두고 성리학 논쟁을 한 고봉 기대승 선생을 기리기 위해 세운 서원이다. 월봉서원은 고봉 선생 사후 7년만인 1578년, 호남 유생들에 의해 사당을 세우면서 건립되어 임진왜란 때 피해를 입어 산월동인 동천으로 옮겨졌다. 이 서원은 1654년 효종이 <월봉>의 서원명을 내리면서 사우와 동· 서재 강당을 갖추었다. 월봉서원은 1868년 대원군의 서원철폐령으로 문을 닫았으나, 1941년 현재의 위치에 방월당을 새로 짓고 1978년 사당과 장판각, 내삼문, 외삼문을 건립하여 1991년 현재의 모습을 갖추었다.216)

  월봉서원은 청소년 인성교실을 운영 학교 밖 교육을 위한 다양한 콘텐츠를 운영하고 있다. 월봉서원에서 운영해 온 콘텐츠는 호남의 정신문화가 숨어있는 <비밀의 서원 월봉>으로 차 문화를 체험콘텐츠 <다시(茶詩) 카페>, <풍류대담 팸투어> 등이다. 이외도 청소년을 위한 <꼬마철학자 성장학교>는 마을학교와 함께하는 교과 연계형 현상체험 콘텐츠로 바른 인성과 공동체 정신을 함양하기 우한 교육적 체험콘텐츠다.

  이와 함께 <도란도란 신창동 유물과의 대화>, <월봉서원 그림자

---

216) http://www.wolbong.org(2020.01.02.)

극장>, <풍영정에서 만난 선비>, <어등산이 품은 의병이야기>, <철학자의 부엌> 등의 체험콘텐츠는 월봉서원이 지역사회의 정신문화 중심을 이어가는 중심적 역할을 하고 있다. 월봉서원은 문화재 활용 부문 전국 대표 서원으로 손꼽히고 있어 문화유산으로 가치를 실현하고 있다. 문화재청이 2008년부터 시작한 문화재활용사업에서 2014년~2016년 3년 연속 향교·서원활용 우수 서원으로 선정되었다.

▌ 월봉서원

ⓒ **월봉서원**

2) 운영 배경

월봉서원이 2018 유교문화활성화사업으로 시행된 <기세등등 여유만만> 콘텐츠는 전남 광주의 삼향정신을 기반하고 있다. 월봉서원의 <기세등등 여유만만> 콘텐츠는 광주 5미(美)와 광주 8경(景)을 고스란히 담고 있어 광주를 대표하는 문화관광 투어 콘텐츠로 확장될 수 있다. 월봉서원의 <기세등등 여유만만> 콘텐츠는 복잡한 현대 사회에서 정신적·정서적 문제들로 인해 개인의 삶에 대한 자신감 결여와 무력감을 느끼는 관광객들이 타깃층이다.

월봉서원이 문화관광콘텐츠를 운영하는 목적은 지역의 문화자원과의 연계를 통해 유교문화에 대한 재해석과 현대적 관점에서 유교문화의 가치와 역할을 재조명하기 위함이다. 이와 함께 월봉서원의 고유한 역사적 자원이 효과적으로 활용되어 지역의 독창성과 브랜드력을 제고하는데 있다. 월봉서원의 <기세등등 여유만만> 콘텐츠는 무양서원 그리고 3향(미향, 의향 예향)의 도시 광주시의 연계를 통해 오감을 만족하는 체험콘텐츠로 구성되었다. 성균관유교문화활성화사업단의 모니터링 결과보고서에 의하면217) 월봉서원이 지역문화와의 연계성을 위해서는 다음과 같이 운영되어야 한다. 첫째, 월봉서원의 문화관광콘텐츠가 유교문화의 가치를 더욱 고취하기 위해서는 지역 주민, 지역 특산 등을 활용한 문화체험콘텐츠가 필요하다. 둘째, 월봉서원은 가족 중심 관광객들 대상으로 맞춤형 체험학습과 유교문화 강좌 개설 그리고 숙박 및 체험콘텐츠 개발이 필요하다. 셋째, 월봉서원은 고봉 선생의 사회적 위상을 강화하고, 지역문화의 계승과 발전을 위한 체험콘텐츠와 문화관광상품 개발이 필요하다.

3) 운영 과정

월봉서원의 문화관광콘텐츠는 크게 <몸 살림 선비체조>, <우리도 그들처럼>, <시 한수 소리 한마당>, <옛 책 만들기>, <자경족자 쓰기>, <서원식 디너콘서트>, <월봉 별밤지기와 함께하는 자경야당> 등의 콘텐츠로 아래와 같이 구성되었다.

월봉서원 문화관광콘텐츠 운영 과정218)

217) 성균관유교문화활성화사업단, 「2018 유교문화활성화사업 모니터링 결과보고서」, 36.
218) 성균관 유교문화활성화사업단, 「2018유교문화활성화사업 모니터링 결과보고

체험지	체험내용	특이사항
무양서원	콘텐츠 소개, 서원 소개, 몸 살림 선비체조 체험	몸 살림 선비체험 선비체조로 오락적 배미요소가 있음
풍영정	풍영정 해설, 공연 '시 한수 한마당'	시 한수 소리 한 마당
월봉서원	월봉서원 소개, 선비복 체험, 숭덕사 봉심	전통문화에 대한 향유
월봉서원	월봉서원 소개, 숭덕사 봉심, 철학자의 길 산책	우리도 그들처럼 심신 치유
짐정리	숙소 안내 및 휴식	옛 책 만들기 전통 책문화 체험
시(詩)가 있는 만찬	잔디밭에서 음악과 시와 함께하는 '시(詩)가 있는 저녁' 청자연	자경야담 음악치유
자경야담	고봉선생의 자경설을 바탕으로 음악DJ LP로 듣는 음악치료로 나를 돌아보는 자경의 시간	역사문화마을 지역문화자원과의 연계
1일차 마무리	개인정비 및 잠자리	국립아시아문화전당 선비정신이 지역의 가치로 연계
삼부연	서원의 맛 '삼부연'	
양림동 역사문화마을	근대문화유적이 있는 양림동을 통해서 광주의 100년을 돌아보고 현재에 서 있는 자신과 함께 걷기	
마한지	광주의 맛 '마한지'	
국립아시아 문화전당	고봉 기대승 선생의 용기 절재 선비정신이 광주정신으로 이어진 문화전당	

월봉서원의 문화관광콘텐츠는 1박 2일로 진행되었다. 관광객들이 월봉서원에 집결하여 월봉서원을 둘러보고 <몸 살림 선비체험>으로 일정을 시작한다. <몸 살림 선비체험>은 선비들이 어떻게 몸의 건강을 돌보았는지 퇴계 선생의 '활인심방' 저서에 근거한 선비체조를 체험하는 일정이다.

서」(2018): 29 재인용.

중식은 광주의 오미 중 하나인 맛 집에서의 전통음식 체험으로 월봉서원이 위치한 지역의 매력을 맛보게 한다. 중식 이후 풍영정에서의 <시 한수 소리 한마당>은 시와 남도의 소리를 감상하게 한다. <우리도 그들처럼>은 월봉서원에서 선비복 체험과 숭덕사 봉삼 후 진행되는데, 철학자의 길을 산책하면서 고즈넉한 서원의 풍경과 자연을 벗 삼아 심신을 수양한다. <옛 책 만들기> 콘텐츠는 한지로 옛 책을 만들면서 선비들이 학문에 임하는 마음가짐을 체험하게 한다.

<월봉 별밤지기와 함께하는 자경야담>은 자신을 경계하기 위해 19세기에 자경설을 썼던 고봉선생의 선비정신을 현대적으로 조명하기 위한 시간으로 음악치료로 삶의 무게를 내려놓고 자신을 들여다보는 시간이다. <월봉 별밤지기와 함께하는 자경야담>은 선비문화의 본질을 깨닫게 하는 과정이다. 양림동 <역사문화마을>은 지역문화자원과의 연계 콘텐츠다. 관광객들은 지역문화자원과의 연계를 통해 월봉서원의 독창성을 느낄 수 있다. <국립아시아문화전당> 방문은 고봉 기대승 선생의 선비정신을 통해 월봉서원의 가치를 알게 하면서 둘째 날의 일정을 마무리하게 된다.

4) 운영 실적

월봉서원에서 진행한 성균관유교문화활성화사업단(2018)의 문화관광콘텐츠는 <기세등등 여유만만>이라는 타이틀을 통해 총 10회차에 159명이 참가하였다. 1회차는 6월 30일~ 7월 1일에 운영되었고 28명이 참여하였다. 2회차는 8월 21일~22일에 운영되었고, 29명이 참여하였다. 3회차는 9월 7일~8일 운영되었고, 29명이 참여하였다. 4회차는 9월 13일~14일에 운영되었고, 40명이 참여하였다. 5회차는 10월 5일~ 6일에 운영되었고 33명이 참여하였다. 6회차는 10월 13

일~14일에 운영되었고, 31명이 참여하였다. 7회차는 10월 18일~ 19일 운영되었고 30명이 참여하였다. 8회차는 10월 18일~19일 운영되었고, 40명이 참여하였다. 9회차는 11월 3일~4일 운영되었고 35명이 참여하였다. 마지막 10회차는 11월 10일~19일 운영되었고, 30명이 참여하였다.

월봉서원의 문화관광콘텐츠 <몸살림 선비체조>는 오락적 체험콘텐츠며, <우리도 그들처럼>은 심미적 체험콘텐츠다. <시 한수 소리 한마당> 또한 심미적 체험콘텐츠다. <옛 책 만들기> 콘텐츠는 한지를 접어서 옛 책을 만들어 보는 교육적 체험콘텐츠다. <월봉 별밤지기와 함께하는 자경야담>은 심미적 체험콘텐츠다. 따라서 월봉서원의 문화관광의 콘텐츠는 교육적 체험, 오락적 체험, 심미적 체험으로 구성되었다.

유교문화활성화사업단의 모니터링 결과보고서에 의하면219) 월봉서원은 콘텐츠의 적절성 및 창의성에서 콘텐츠 전체가 유학자 고봉기대승 선생의 정신과 유교문화 중심으로 적정하게 구성, 운영되었다고 평가되었다. 오랜 콘텐츠 경험의 축적에서 나오는 매끄러운 진행과 콘텐츠 운영자들의 콘텐츠 운영 능력이 뛰어났다는 평이다. 월봉서원이 지역의 시설과 인적 자원을 활용한 음악회도 관광객들에게 좋은 반응을 보였지만, 관광객들에게 유교문화에 대한 이해를 기반으로 유교문화의 기초 지식 등을 전달하는 교육도 필요하다는 평가이다.

월봉서원의 체험콘텐츠 적정성은 옛날 책 만들어보기, 음악회 참가, 고봉 묘소 참배 등으로 구성으로 유교문화에 대한 체험 요소가 다양하게 구성되었다. 관광객들은 무양서원과 풍영정을 방문하여 책을 만들고, 창을 들으며 전통문화와 지역 문화를 체험할 수 있고, 선비들의 삶

---

219) 성균관유교문화활성화사업단, 「2018 유교문화활성화사업 모니터링 결과보고서」, 30-37.

과 정신을 느끼는 기회가 되었다.

<자경야담>은 월봉서원의 현대적 활용 방안을 제시하고 유교문화의 반성과 성찰에 대한 정신문화를 체험하고 이해할 수 있는 콘텐츠이다. 무등산 역사 탐방길은 월봉서원과 지역의 문화자원과 연계하여 충장사와 풍암정 등을 걷는 콘텐츠로 유교문화를 더 한층 이해할 수 있도록 구성되었다. 환벽당의 창 공연은 참가자들이 함께 어우러지며 즐기는 체험콘텐츠로 전통문화를 향유하게 한다.

월봉서원은 2018년 유교문화 활성화를 위한 문화관광콘텐츠에서 우수한 콘텐츠로 선정되었다. 따라서 월봉서원의 문화관광 체험콘텐츠는 타 지역 향교·서원에 보급뿐만 아니라 세계적으로 발전할 수 있는 발판이 마련되었다. 월봉서원 문화관광 체험 콘텐츠에 대한 평가를 위해 운영자와 참여자 그리고 컨설팅 전문가들의 인터뷰를 진행하였다. 인터뷰는 서면인터뷰와 전화인터뷰로 진행하였다.

월봉서원의 문화관광콘텐츠 체험 콘텐츠는 광주지역의 역사문화자원과 연계하고 있다. 선비문화 체험과 근대문화유적지 등은 50대 중장년층에게 삶의 터전에서 벗어나 의롭고 힘찬 기운을 재충전하고자 기획하였다. 월봉서원에서 그동안 진행한 문화관광 콘텐츠가 이미 많은 관광객들에게 알려져 있어서 이번 콘텐츠 운영에 있어서도 무리 없이 진행하였다.(연구 참여자 G. 교육적 체험, 2020. 02.20 서면 인터뷰)

기대승과 이황의 편지로 시작되는 유교문화의 체험이 좋았다. 선비체조는 연구실에서도 실천하면 좋은 듯한 재미있는 체험이었다. (연구 참여자 L. 오락적 체험, 2020 .02 .28. 전화인터뷰)

좋은 환경과 다양한 체험들이 복잡하지 않고 시간 배분도 좋았다. 숭덕사 봉심에서는 일상에서 배우지 못한 예절교육을 통해 현대인들의 삶에 어떻게 반영되어야 하는지 생각하게 한다. 자경야담은 내 자신을 다시 한 번 생각

하고 반성하게 하는 일정도 좋았다. (연구 참여자 J. 심미적 체험 2020. 02. 28. 서면인터뷰)

월봉서원에서 운영한 다양한 프로그램 중 선비문화 체험은 현대인들에게 공동체의 예절에 대해 알게 한다. 그러나 월봉서원에서의 숙박이 힘들었다. 체험콘텐츠 운영 시 숙박에 많은 배려를 해주셨으면 한다.(연구 참여자 N. 교육적 체험, 2020. 02. 28. 서면인터뷰)

월봉서원의 콘텐츠나 운영방식은 나무랄 데 없이 깔끔하고 좋았다. 체험을 하기 위한 사전준비도 좋았고, 운영진들과의 소통도 좋았다. 근대문화유적 탐방은 지역문화와 연계하여 선비정신을 고찰할 수는 프로그램이다. 월봉서원의 숙박은 인근의 다른 고택이나 인근 숙박시설 이용하는 것이 좋았을 것이라는 아쉬움이 남았다.(연구 참여자 A. 교육적 참여, 2020. 02.29. 서면인터뷰)

체험콘텐츠에 참여한 사례 연구 참여자들에 의하면 월봉서원의 체험콘텐츠는 삶의 터전에서 벗어나는 기운을 재충전하는 일탈적 체험콘텐츠로 구성되었다는 평이다. 월봉서원이 지역사회를 대표하는 전통문화를 향유하는 문화공간으로 각광받는 것은 체험콘텐츠의 오락적 요소 때문이다. 기대승과 이황의 학문적 담론은 유교문화의 진수를 체험하는 교육적 요소를 담고 있지만, 선비체조는 일상생활에서도 활용할 수 있는 오락적 체험요소를 담고 있다.

사례 연구 참여자는 월봉서원의 <자경야담> 콘텐츠가 자신을 되돌아보고 반성하는 기회를 갖게 했다고 평가하였다. 월봉서원의 <자경야담>은 스스로의 삶을 반추하여 깨닫는 심미적 체험 요소를 담고 있다. 또 다른 사례 연구 참여자는 월봉서원의 선비문화체험이 1인가구의 급증으로 공동체 보다는 개인주의가 팽창하고 있는 현대사회에서 사회 구성원들 간의 공동체의식이 무너지게 된다면 사회질서를 바로잡을 수 없다는 것을 깨닫게 한다고 하였다. 사례 연구 참여자들은 월봉서원의 체험콘텐츠에 대해 교육적 체험, 오락적 체험, 심미적 체험을 공유하였다. 그러나 체험콘텐츠에서 가장 많이 심혈을 기울여야 하는 숙박시설의 불편함을 토로하였다.

현대적인 생활문화에 익숙한 관광객들은 전통문화의 불편함을 그대로 향유하지 않으려 한다. 숙박시설은 관광객들이 대표적으로 불편 사항을 토로하는 공간이다. 월봉서원은 관광객들에게 높은 브랜드력이 인지되어 있지만, 전통문화의 이미지와 어울리는 숙박 공간과의 연계성 부족은 보완이 시급히 요구된다.

5부

향교 · 서원의
미래

1. 결론 및 시사점

한국의 서원이 2019년 유네스코 세계문화유산으로 등재되어 향교·서원이 전통문화자원으로 가치와 역할에 대한 기대가 확대되고 있다. 향교·서원은 유교문화의 범주에서 권위적이고 의례적이라는 인식으로 문화재 보존에 국한되었으나 문화관광부의 <유교문화활성화사업>과 문화재청의 <문화재활용사업>으로 인해 전통문화 관광지로 인식의 전환을 꾀하고 있다. 그러나 향교·서원이 세계적인 문화관광지로 부각되기 위해서는 지역문화와의 연계성과 체험콘텐츠의 다양성이 요구된다. 특히 전통문화가 현대인의 삶에 어떻게 활용되어야 하는지를 위해서는 향교·서원의 문화관광프로그램을 체험한 체험객들이 체험콘텐츠를 어떻게 공감했는지에 대한 공유가 필요하다.

이 책은 향교·서원이 지역문화자원으로 향유되기 위한 실증적 요소에 대한 연구다. 향교·서원이 가지고 있는 브랜드개성이 전통성과 역동성, 혁신성에 미치는 영향관계, 관광체험이 교육적, 오락적, 심미적, 일탈적 체험에 미치는 영향관계, 체험이 평가에서 만족에 미치는 영향관계, 체험이 평가 후 추천의도에 미치는 영향관계의 검정을 실시하였다. 이와 함께 질적 연구를 위해 향교·서원 문화콘텐츠에 참여한 경험이 있는 15명의 연구 참여자를 선정하여 인터뷰를 진행하였다. 질적 연구에서는 체험한 콘텐츠 사례를 통해 교육적 체험과 오락적 체험, 심미적 체험, 일탈적 체험 요소에 대해 직접적 반응이 도출되었다. 이러한 관계 규명을 통해 향교·서원의 브랜드개성이 관광체험과 구매 관계의 중요성에 대한 학술적 시사점과 함께 유네스코 세계유산으로 등재된 한국의 서원을 기반으로 향교·서원의 문화콘텐츠 브랜드개성을 강화하는데 목적이 있다.

이 책의 결과를 요약하면 다음과 같다. 첫째, 전통성 요소가 관광체험에 미치는 영향에 대한 가설검정결과, 교육적 체험, 오락적 체험, 심미적 체험요소에 미치는 영향은 채택되었고, 일탈적 체험 요소에 대한 영향은 기각되었다. 일탈적 체험요소의 영향이 기각된 이유는 문화유산인 향교·서원이 교육기관으로서의 정체성을 그대로 계승하고 있으면서 교육적 체험 공간으로 활용되고 있기 때문이다. 향교·서원이 유교문화를 문화관광 트랜드에 맞게 놀이문화화 하지 못한 것이 일탈적 체험의 기각요인이다. 향교·서원의 체험콘텐츠는 전통성을 재해석하여 오락적 체험을 통해 전통문화를 계승하고, 문화예술을 통해 심미적 체험을 해야 한다. 향교·서원은 일탈적 체험콘텐츠를 위해서는 전통의복을 입고 향교스테이를 통해 선비들의 일상을 경험하게 한다면 전통성 요소를 강화할 수 있다.

둘째, 역동성 요소가 관광체험에 미치는 영향에 대한 가설검정결과, 교육적 체험, 오락적 체험 및 일탈적 체험요소에 미치는 영향은 채택되었고, 심미적 체험요소에 미치는 영향은 기각되었다. 심미적 체험요소가 기각된 이유로 심미적 체험은 내적 감성을 공유하기 때문에 역동성일 때 체험되지 않았다. 향교·서원의 심미적 체험은 흥의 콘텐츠를 체험요소에 첨가한다면 역동성 요소에 효과적이 될 수 있다. 향교·서원에서의 교육적 체험이 놀이문화로 접근했을 때 역동성 체험의 효과가 나타났다. 오락적 체험은 놀이 콘텐츠가 효과적으로 나타난다. 일탈적 체험은 역동성이 클 때 일상생활에서 벗어나는 쾌감을 느끼는 효과로 나타났다.

셋째, 혁신성 요소가 관광체험에 미치는 영향에 대한 가설검정결과,

교육적 체험, 오락적 체험, 심미적 체험요소에 미치는 영향은 기각되었고, 일탈적 체험요소에 대한 영향은 채택되었다. 교육적 체험은 전통문화를 문화원형으로 계승하고 향유하기 때문에 혁신성 요소에서 기각되었다. 오락적 체험은 문화관광객들이 체험한 콘텐츠가 특별히 재미있거나 마음을 사로잡는 새로운 것에 대한 호기심을 유발하지 않은 것으로 나타났다. 심미적 체험 또한 독특한 매력을 통해 감성을 자극받는 체험콘텐츠가 부재한 것으로 모험적인 경험을 할 수 없는 것의 한계성을 나타낸다. 그러나 일탈적 체험은 일상에서 경험해 보지 못한 역사 체험놀이를 통해 시간적인 이동을 통해 일상의 탈출을 경험하게 하는 효과가 있는 것으로 나타났다.

넷째, 교육적 체험요소가 관광만족과 추천의도에 미치는 영향에 대한 가설검정결과, 설정된 가설이 모두 채택되었다. 향교·서원의 전통문화에서 경험한 선비문화는 일상의 삶을 다시 한번 되돌아보는 기회가 되고 있어, 향교·서원에 대한 관광만족과 추천의도로 나타났다.

다섯째, 오락적 체험요소가 관광만족과 추천의도에 미치는 영향에 대한 가설검정결과, 설정된 가설이 모두 채택되었다. 오락적 체험은 소확행(소소하지만 확실한 행복)과 워라밸(일과 삶의 균형)을 추구하는 현대인들의 삶에서 중요한 요소로 작용하고 있어 관광만족과 추천의도로 연결된 것으로 나타났다.

여섯째, 심미적 체험요소가 관광만족과 추천의도에 미치는 영향에 대한 가설검정결과, 관광만족에 주는 영향에 대한 가설은 채택되었으나, 추천의도에 주는 영향에 대한 가설은 기각되었다. 심미적 체험은 내적 감성을 공유하는 지적인 체험이므로 관광에 대한 추천의도까지 이어지지 않는 것으로 나타났다.

일곱째, 일탈적 체험요소가 관광만족과 추천의도에 미치는 영향에 대한 가설검정결과, 관광만족과 추천의도에 주는 영향에 대한 가설은 기각되었다. 향교·서원 문화관광객들은 일탈적 체험 요소에 크게 구해 받지 않고 방문하는 것으로 나타났다.

여덟째, 관광만족이 추천의도에 미치는 영향에 대한 가설검정결과 채택되었다. 향교·서원을 방문한 방문객은 전통성, 역동성 및 혁신성 등에 대한 관광체험을 만족할 경우 추천의도를 가지는 것으로 나타났다.

아홉째, 질적 연구에서 심미적 체험이 기각된 것은 양적 연구에서 나타난 전통성 요소가 발견되지 않았기 때문이며, 오락적 체험이 기각된 것은 양적 연구에서 나타난 전통성 요소와 역동성이 발견되지 않았기 때문이다. 또한, 양적연구에서 나타난 전통성 요소가 발견되지 않아 질적 연구에서도 일탈적 체험이 경험되지 않은 것으로 나타났다.

유네스코 세계문화유산으로서 가치를 가진 향교·서원의 브랜드개성이 전통문화를 보존하고 보호하는 차원에서 벗어나 문화관광을 위한 문화콘텐츠의 다양성을 구축한다면 향교·서원이 문화관광지로 발전할 수 있음이 입증되었다.

2. 향교·서원이 나아가 방향

이 책은 향교·서원의 문화콘텐츠 브랜드개성 향상 및 체험 후 평가 그리고 분석사례와 실증분석 결과를 토대로 얻어진 제언은 다음과 같다. 첫째, 향교·서원의 문화콘텐츠가 전통문화를 답습하는 교육적 체험으로 국한되어 있고, 미래 세대들에게 진부한 문화콘텐츠로 인식되어 있어 창의성을 통해 브랜드개성을 지속적으로 유지할 수 있는 시대의 트렌드에 따른 혁신성을 구축해야 한다. 이를 위해 웹 기반의 전자출판, 게임, VR/AR의 엔터테인먼트적 요소와 영상 콘텐츠 등 교육적 체험콘텐츠의 디지털화 방안을 모색해야 한다.

둘째, 향교·서원의 문화콘텐츠는 전통과 민속놀이에 대한 시대적 해석과 함께 혁신성을 높이기 위한 전통놀이 체험 도구의 개발이 필요하다. 또한, 향교·서원이 교육과 배례의 엄숙한 공간에서 웃고 떠들 수 있는 오락적 체험을 가능하게 하는 공간으로 전환하는 제도적 방안을 위해 유림단체와 운영진 그리고 지역사회가 함께 공감대를 위한 네트워크를 구축해야 한다.

셋째, 향교·서원의 건축물은 이미 미학적 관점을 갖추고 있지만 향교·서원의 주변 환경이 심미성을 유지하게 하지 못한 것을 보완하기 위하여 주변을 산책할 수 있는 둘레 길과 주변 조경을 함께 개선하기 위한 연계 방안이 마련되어야 한다.

넷째, 향교·서원의 문화콘텐츠가 몰입의 효과를 통해 일탈적 체험이

가능하도록 체험기간 동안 전통의복을 입는 것을 정례화 하고, 옛것을 통해 새로움을 발견할 수 있는 창의적 사고가 이어질 수 있도록 <향교 스테이>를 제도화하여야 한다.

다섯째, 향교·서원이 냉방시설이 갖춰져 있지 않아 여름철 행사 진행에 대한 어려움이 있다. 쾌적한 환경에서 이루어지지 않은 체험콘텐츠는 전달하고자 하는 체험의 의도를 벗어나 브랜드개성에 부정적 인식으로 자리매김하게 된다. 향교·서원의 건축물이 여름과 겨울철에 취약한 구조를 극복할 수 있도록 시설을 보완하기 위한 지역사회의 시설을 공동으로 활용하는 방안이 강구되어야 한다.

여섯째, 뉴미디어 시대 홍보마케팅을 위한 인력이 투입되어야 한다. 이를 위해서는 지역의 청소년 및 대학생들의 인적자원과의 연계를 위한 방안과 지속적인 네트워크가 구축되어야 한다.

일곱째, 향교·서원 문화콘텐츠의 체험이 대동소이하게 운영되지 않고 지역문화와의 연계를 통해 독창성을 부각하기 위해 전국의 향교·서원의 순례 코스가 하나로 이어질 수 있는 네트워크 방안이 모색되어야 한다.

이 책은 향교·서원의 문화콘텐츠의 브랜드개성이 관광체험과 체험 후 평가에 미치는 영향 연구에서 질적 연구와 양적 연구를 동시에 진행하였으나 연구에서 나타난 한계점은 다음과 같다.

첫째, 향교·서원 문화콘텐츠 사례 분석은 향교 2곳과 서원 1곳을 중심으로 사례를 분석을 하였으나, 대표성이 부족하여 더 많은 향교·서원의 문화콘텐츠에 대한 비교 분석이 이루어지지 못하였다.

둘째, 이 책은 질적 연구를 보강하기 위해 양적 연구를 병행하였으나, 203개의 샘플 수가 회수되어 실제 활용한 샘플 수는 171개로 충분히 확보하지 못하고, 고령자의 응답이 대부분으로 청소년의 의견을 반영하지 못했다.

셋째, 이 책은 향교·서원 문화콘텐츠의 체험 객들을 대상으로 분석하여 잠재고객들이 향교·서원 문화콘텐츠의 브랜드개성에 대해 어떻게 평가하고 있는지에 대한 분석이 이루어지지 못하였다.

이 책의 한계점을 해결하기 위한 향후 연구과제는 다음과 같다. 첫째, 향교·서원 문화콘텐츠 사례 분석은 한계점을 극복하기 위해서 지원사업으로 운영되는 향교·서원 문화콘텐츠가 자체사업으로 운영되는 구조를 구축하고 이를 고찰할 수 있도록 전국 향교·서원의 권역별 사례분석을 통한 다양한 연구가 필요하다.

둘째, 향교·서원 문화콘텐츠는 교육적 체험이 체험객들에게 가장 높이 인지되어 있고, 향교·서원이 한국의 정신문화 중심지로 인식되고 있어 현대사회에서 가장 취약하고 필요한 인성교육에 대한 해답을 득할 수 있는 영역이다. 따라서 향교·서원 문화콘텐츠에 참가하지 않은 청소년을 대상으로 한 인성교육의 역할 수행을 위한 연구가 이루어져야 한다.

셋째, 향교·서원은 문화콘텐츠에 대한 잠재고객의 유입을 유도하고, 체험객과 비체험객 간의 향교·서원 문화콘텐츠에 대한 공감을 확인할 수 있도록 실증분석 대상을 향교·서원 문화콘텐츠의 체험자뿐만 아니라 비체험자가 포함된 연구가 필요하다.

참고문헌

가정혜. "관광객들의 휴대전화를 이용한 관광정보 탐색과 지각된 관광위험에 관한 연구." 「경영경제연구」 33(1) (2010): 79-100.

강신겸. "관광개발에 대한 지역주민의 태도: 안동 하회마을을 중심으로." 「문화경제연구」 5(1) (2002): 139-158.

고동우. "여가동기, 여가체험 행동: 이추동모형과 이동로 여가체험모형." 「한국심리학회지: 소비자 광고」 3(2) (2002): 1-23.

고동우·김병국. "진지성 여가경험과 긍정심리자본 및 삶의 질의 관계구조." 「소비자광고」 17(1) (2016): 179-198.

고미현·권순동. "인터넷 커뮤니티에서 사용자 참여가 밀착도와 지속적 이용의도에 미치는 영향." 「경영정보학연구」 18(2) (2008): 41-72.; Gefen, D., & Straub, D., "A practical guide to factorial validity using PLS-Graph: Tutorial and annotated example." *Communications of the Association for information Systems* 6(5)(2005): 91-109.

고진현. "외식브랜드의 확장속성이 구매의도에 미치는 영향: 고객혁신성의 조절효과." 「관광경영연구」 23(2) (2019): 311-329.

고한준·전혜경. "TV광고에서 배경음악이 소비자의 기억과 태도에 미치는 영향: 배경음악의 친숙도와 메시지와의 조화를 중심으로." 「광고학연구」 (2007): 83-101.

공란란·김형일·김윤정. "문화간 판매접점에서 판매원 문화지능의 조절효과." 「유통과학연구」 15(12) (2017): 85-94.

곽강희. "지역관광환경이 방문객 사후평가에 미치는 영향." 「관광레저연구」 31(10) (2019): 29-43.

금장태. "21세기에서 유교의 진로와 과제." 「불교문화연구」 1 (2000): 309-336.

구선영. "모험관광객의 체험이 플로우, 만족, 심리적 행복감 및 삶의 질에 미치는 영향 연구." 석사학위논문, 경희대학교 대학원, 2018.

국제전략문제연구소(CSIS) 스마트파워위원회. 「스마트파워」. 홍순식 역. 서울: 삼인출판사, 2009.

권하진. "현대 예술과 패션에 나타난 일탈성의 비교 고찰." 「한국디자인문화학회지」 20(3) (2014): 50-63.

김경란. "조선 서원의 발전과정과 향촌사회에서의 역할." 「안동학」 15 (2016): 159-181.

김규원. "축제의 비일상성과 색채의 역할." 「한국색채학회 학술대회」 (2005): 3-6.

김기범·차영란·허성호. "브랜드 신뢰 경험의 구성 요소와 브랜드 신뢰 및 브랜드 태도의 관계 분석." 「광고학연구」 17(3) (2006): 107-124.

김난도 외. 「트렌드코리아」. 서울: 미래의 창출판사, 2019.

김동혁. "브랜드 충성도의 지속인 브랜드 제고를 한 롱런 브랜딩 전략." 박사학위논문, 대구대학교 대학원, 2015.

김동현·김영현. "서비스 인카운터에서 심리적 거리가 상호작용 편안함과 대인신뢰에 미치는 영향-문화 간 역량의 조절효과를 중심으로." 「관광연구」 42(1) (2017): 21-41.

김동환. "지역산업연관분석을 이용한 지역축제 방문객에 의한 경제 효과 분석: 2017 주 한국선비문화축제를 중심으로." 「MICE연구」 19(3) (2019): 45-61.

김민지·이태희. "수원화성 체험(4Es)이 관광객: 관광지브랜드 관계(BRQ)에 미치는 영향 연구." 「한국사진지리학회지」 24(3) (2014): 105-117.

김문준. "대전지역 향교·서원 배향 명현의 선비정신과 유교문화콘텐츠." 「儒學硏究」 37 (2016): 353-399.

김본수·배무언. "인터넷 오픈마켓의 e-서비스 품질이 지각된 가치, 고객만족 및 e-충성도에 미치는 영향에 관한 연구." 「한국산업정보학회」 15(4) (2010): 83-101.

김상태. "역사·전통문화 체험 관광 활성화 방안." 「한국관광연구원 기본연구」 (2014): 131-148.

김상희·김민화·박재민. "브랜드 동일시의 매개효과를 중심으로 한 커피전문점 브랜드 개성이 만족과 충성도에 미치는 영향." 「관광학연구」 35(3) (2011): 57-83.

김선아·황선진. "패션광고 유형과 패션브랜드 확장, 소비자 혁신성이 광고신뢰도에 미치는 영향." 「服飾文化硏究」 26(5) (2018): 714-726.

김수정. "환대기업의 관계마케팅에서 신뢰가 충성도에 미치는 영향: 가치의 매개역할을 중심으로." 박사학위논문, 계명대학교 대학원, 2004.

김수진. "통합적 마케팅 커뮤니케이션을 통한 브랜딩의 기호학적 분석." 「기초조형학연구」 13(6) (2012): 69-79.

김양. "충북지역 유교문화자원의 활용방안." 「충북 Brief」 23 (2010): 1-4.

김양주. "일본지역사회의 마츠리와 그 사회문화적 역동성: 유스하라의 사례를 중심으로." 「민족과 문화」 3 (1995): 79-125.

김영건. "상관적 사유와 심미적 질서." 「철학논집」 26 (2011): 165-193.

김영주. "문화관광지의 교육적 체험이 관광만족과 행동의도에 미치는 영향: 청소년 여행자를 중심으로." 석사학위논문, 대구대학교 교육대학원 2004.

김유경. "국가브랜드 개성의 차원에 관한 연구." 「광고연구」 75 (2007): 89-119.

김유정. "브랜드 진정성이 브랜드 유형에 따라 브랜드 충성과 지속성에 미치는 영향." 박사학위논문, 성신여자대학교 대학원, 2016.

김일태·노수아. "반딧불의 묘" 원작에 대한 애니메이션 연출의 상징성 표현 연구." 「한국콘텐츠학회논문지」 5(4) (2005): 111-121.

김일호·김동준. "관광외식업체의 문화마케팅활동, 브랜드신뢰, 브랜드충성도 간의 구조관계 연구." 「한국엔터테인먼트산업 학회논문지」 6(4) (2012): 272-281.

김자운. "16세기 소수서원 교육의 성격." 「유교사상문화연구」 58 (2014):

331−358.

김정희·김형길. "관광도시 문화자원의 도시브랜드개성, 관계품질, 충성도에
　　미치는 영향." 「감성과학」 13(4) (2010): 741−752.

김지선. "세계문화유산지의 관광체험 구조분석." 박사학위논문, 한양대학교
　　대학원, 2011

김지수·김종무. "제주도 문화콘텐츠 브랜드 개성이 관광 만족도, 추천의도
　　및 재방문의도에 미치는 영향." 「커뮤니케이션 디자인학연구」 63
　　(2018): 162−171.

김태형. "메가 이벤트와 개최도시 이미지 일치가 도시브랜드 개성, 브랜드
　　자산, 및 충성도에 미치는 영향: 2012 여수세계박람회를 중심으로."
　　박사학위논문, 동국대학교 대학원, 2013.

김철원·이석호. "문화관광축제 육성방안." 「한국문화관광연구원」 (2001):
　　10−15.

김향자·유지윤. "도시관광 진흥방안 연구." 「한국관광연구원」 (2000):
　　1−158.

김현주. "관광자의 소셜네트워크서비스(SNS) 활용특성이 몰입도와 여행구
　　매의도에 미치는 영향." 박사학위논문, 경기대학교 대학원, 2012.

김형남. "트라이애슬론대회 개최지역인지도, 대회인지도 및 지역이미지의 관
　　계: 참가자 구분의 조절효과를 중심으로." 박사학위논문, 한국체육대
　　학교 대학원, 2015.

김홍규·김유경·최원주. "광고를 통한 브랜드 이미지 형성에 관한 연구." 「광
　　고학연구」 12(3) (2001): 140−170.

김희경. "어린이과학관의 테마파크적 기획설계에 관한 연구: 스토리텔링 기
　　법과 테마파크 개념을 적용한 어린이 과학관 기획을 중심으로." 박사
　　학위논문, 한국외국어대학교 대학원, 2009.

남기범. "사이버공간과 일상공간의 상호작용: 문화·관광활동을 중심으로."
　　「한국경제지리학회 학술대회 논문집」 (2006): 115−123.

남치호. "유교문화권 관광개발사업의 추진방향과 과제." 「한국행정논집」

17(2) (2005): 527-553.

녕수연. "문화유산 관광지의 선택속성이 만족도 및 행동의도에 미치는 영향." 박사학위논문, 호남대학교 대학원, 2012.

딩전저·김정우. "한국 지역관광콘텐츠에 대한 중국 이용자 이용동기의 연구 : 중국 시나웨이보 중심으로." 「글로벌문화콘텐츠학회학술대회지」 (2019): 133-137.

류정아. "관광현상을 분석하는 인류학적 시선에 대한 일고." 「비교문화연구」 24(2) (2018): 503-512.

리리·김병옥. "중국 충칭 도시 공공공간의 역동성과 특징에 관한 연구." 「조형미디어학」 22(3) (2019): 117-127.

문화재청. 「2018 향교·서원 문화재 활용 사업 모니터링」 2018.

문화체육관광부. 「국립아시아문화전당 주변 관광인프라시설 개발방안 수립 및 조사연구」 2018.

문화체육관광부. 「2018 콘텐츠산업 통계조사(Content Industry Statistics 2018)」 2018.

문황훈. "심미적 감성에 대하여." 「감성연구」 4 (2011): 31-71.

민동규. "축제만족도가 재방문의사와 추천의사에 미치는 영향." 「한국콘텐츠학회논문지」 8(11) (2008): 356-363.

민웅기·김상학. "세계화 시대의 다문화가족의 확산과 국제관광의 사회적 기능에 대한 이론적 성찰." 「관광연구저널」 29(5) (2015): 5-17.

민진홍·하규수. "전시회 구성 콘텐츠가 재방문 및 추천의사에 미치는 영향." 「한국콘텐츠학회논문지」 10(10) (2010): 197-208.

박강희. "문화마케팅의 구성차원이 러브마크와 브랜드 애호도, 저환의도에 미치는 영향에 관한 연구: 기업아이덴티티와 기업이미지의 매개효과." 박사학위논문, 강원대학교 대학원 2013.

박기수. "디즈니/픽사 프랜차이즈 애니메이션 스토리텔링 전략 연구." 「인문콘텐츠」 34 (2014): 79-103.

박미숙. "엔터테인먼트관광 개념에 대한 재고찰." 「관광연구논총」 28(4)

(2015): 3-30.

박보람. "브랜드의 구성 요소와 정의에 관한 고찰." 「한국디자인학회 학술발표대회 논문집」 1 (2016): 18-19.

박수경·박지혜·차태훈. "체험요소(4Es)가 체험즐거움, 만족도, 재방문에 미치는 영향." 「광고연구」 76 (2007): 55-78.

박소정. "아트페어의 지역성연계 프로그램이 지역발전에 미치는 영향 연구." 석사학위논문, 중앙대학교 대학원, 2015.

박영서. "성공적 집객시설 조성방안." 「한국관광정책」 26 (2006): 87-94.

박용순·심원섭. "장소애착과 정서적 연대와의 관계." 「관광연구」 32(5) (2017) : 399-422.

박치완 외. 「문화콘텐츠 입문사전」. 서울: 꿈꿀권리출판사, 2013.

방미영. "지역문화자원으로서 유교문화 활성화를 위한 교육적 고찰: 향교·서원 문화관광 프로그램을 중심으로." 「글로벌문화콘텐츠」 41 (2019) : 99-114.

배은석. "지속가능한 농촌 발전을 위한 에코뮤지엄 모델 연구: 이천 율면 부래미마을을 중심으로." 박사학위논문, 한국외국어대학교 대학원, 2012.

변상호. "문화예술 영역별 소비향유가 문화적 자기 효능감 및 지식에 미치는 영향과 그 성별 차이에 관한 연구." 「문화정책논총」 32(3) (2018): 5-32.

변수녀·최병길. "관광의 동기, 만족 및 관광지 충성도간의 관계 구조모델." 「관광레저연구」 19(3) (2007): 29-48.

서성한·최휴종. "관광 종사자들의 서비스 품질 평가에 대한 이론적 모형구축." 「사회과학연구」 24 (1998): 347-382.

석종득. "지역 축제의 체험 요인, 도시 브랜드 개성, 도시 브랜드 자산 및 지역 애호도의 관계에 관한 연구." 박사학위논문, 동의대학교 대학원, 2019.

성균관유교문화활성화사업단. 「2018유교문화활성화사업 모니터링 결과보고서」 2018.

성균관유교문화활성화사업단. 「2018유교문화활성화사업사업 결과보고서」
　　2018.

손해경. "체험경제학(4Es)접근의 인천 섬 자원 활용 방안에 관한 연구."
　　「IDI도시연구」 10 (2016): 39-65.

송학준·최영준·이충기."4Es 이론에 따른 축제 방문객의 충성도 연구." 「관
　　광연구」 25(6) (2011): 179-198.

신정엽. "시애틀의 도시 공간 특성: 역동성과 다양성." 「한국지리확회지」
　　4(1) (2015): 119-137.

신진옥·심창섭·정철. "여행상품 옵션 프레이밍에서의 경영적 효과 및 심리적
　　반응 차이 : 여행 광고 메시지 유형, 관광 목적지의 상호작용 효과."
　　「관광연구논총」 31(2) (2019): 65-88.

심현숙. "브랜드 체험이 브랜드 충성도에 미치는 영향: 브랜드 자산의 매개
　　역할 및 관여도의 조절효과를 중심으로." 박사학위논문, 한양대학교
　　대학원, 2012.

안장혁. "전통문화예술을 통한 한국의 문화브랜드 가치 제고 전략: 한글을
　　중심으로." 「기호학 연구」 22 (2007): 463-494.

안창현·유제상·이건웅·임동욱·정지훈. 「새로운 문화콘텐츠학」. 서울: 커뮤
　　니케이션북스출판사, 2017.

양청반. "에코뮤지엄을 기반 전통마을의 지속 가능성연구." 석사학위논문,
　　건국대학교 대학원, 2017.

양윤·최민주. "텔레비전 광고음악의 친숙성과 적합성이 제품 유형에 따라 광
　　고태도에 미치는 영향." 「사회과학연구논총」 (2007): 43-74.

오수민·김복경. "도시브랜드 이미지 구축을 위한 공공사인 디자인 연구: 남
　　포동 일대를 중심으로." 「한국콘텐츠학회 종합학술대회 논문집」
　　(2015): 95-96.

오은아. "주제공원 이벤트가 방문객의 만족형성에 미치는 영향: E사를 중심
　　으로." 석사학위논문, 경희대학교 대학원, 2006.

오은지·이훈·정철. "가족단위 축제참가자들의 교육적 체험 분석." 「관광레저

연구」 23(8) (2011): 399-418.

오정학·윤유식. "문화관광선택속성이 문화관광객 관광가치 인식에 미치는 영향." 「관광레저연구」 22(4) (2010): 81-100.

오훈성. 「문화관광축제 지정에 따른 효과 분석: 2010년~2016년 지정등급 기준」 . 서울: 한국문화관광연구원, 2016.

왕남·유승동. "관광목적지에 대한 지각된 위험이 관광객의 참여의도에 미치는 영향: 한류문화콘텐츠 이미지의 조절효과." 「한국호텔외식경영학회 학술발표논문집」 (2015): 803-824.

우종필. 「구조방정식모델 개념과 이해」 . 서울: 한나래출판사, 2012.

유용욱. "상실과 회복의 알레고리: 미주지역 세계문화유산의 현황과 성격." 「미술사학」 33 (2017): 209-231.

용석홍. "문화관광축제의 체험경제이론(4Es)과 행동의도와의 영향관계 연구: Pine과 Gilmore의 체험경제이론을 중심으로." 박사학위논문, 안양대학교 대학원, 2010.

윤성욱·윤동일. "브랜드의 기능적 이미지와 상징적 이미지의 역할." 「한국산학기술학회 논문지」 16(3) (2015): 1,745-1,752.

윤장섭·이정수. "조선시대 향교·서원 건축 구성형식의 비교연구." 「1987 대한건축학회 학술발표대회 논문집 계획계/구조계」 17(1) (1987): 59-62.

윤종영. "심미적 체험 중심 고등학교 음악교육 프로그램 개발 및 적용." 박사학위논문, 건국대학교 대학원, 2013.

의성메아리. "의성향교, 청소년 충효교실 개최." 「의성메아리」 253 (2011): 3.

이가은·김해·이익수. "교육형 축제의 체험프로그램 발전방안 연구." 「한국콘텐츠학회 종합학술대회 논문집」 (2010): 281-285.

이건웅·최승호. 「트랜스미디어 시대의 문화산업과 문화상품」 . 경기도: 북코리아, 2020.

이려정. "문화마케팅 전략으로서의 BPL을 통한 관광지인지도와 관광지이미지, 방문의도 간 영향관계." 「관광연구논총」 23(1) (2011): 3-26.

이상철. "관광산업과 문화재 이용권." 「동서언론」 9 (2005): 1-48.

이상철·심유희. "의미의 역동성." 「인문학연구」 30(1) (2003): 69-90.

이승용. "역사문화축제에서의 축제서비스 만족도와 교육적 만족이 행동의도에 미치는 영향." 「한국고등직업교육학회논문집」 11(4) (2010): 1-10.

이영찬·정혜숙·김보경. "성주지역의 유교공동체와 사회적 연결망." 「사회사상과 문화」 13 (2006): 251-282.

이용관·김혜인. "지역 문화 관광 역량에 따른 축제의 집객 효과 분석." 「문화정책논총」 28(2) (2014): 154-173.

이은정·이철우·박순호. "해외관광지에 대한 인지와 선호." 「관광지리학」 8 (1998): 83-105.

이장섭. "관광문화와 문화관광." 「문화정책논총」 6 (1994): 278-300.

이정희. "온라인여행커뮤니티 특성에 따른 여행상품구매의도 연구." 박사학위논문, 경기대학교 대학원, 2007.

이정환. "지붕 없는 박물관 에코뮤지엄." 「RRI포커스」 40 (2015): 1-20.

이종욱·우운택. "3차원 지도 연동 디지털 트윈을 활용한 스마트 관광 현황 및 전망." 「정보와 통신」 36(10) (2019): 55-62.

이종주. "한류관여도와 국가 및 관광지 이미지 그리고 방문의도와의 영향관계." 「한국콘텐츠학회논문지」 16(10) (2016): 454-466.

이준승. "헬스어 섬유디자인제품의 소비자 구매행동에 한 연구." 박사학위논문, 한양대학교 대학원, 2010.

이준엽. "메가 이벤트와 개최도시 이미지 일치가 도시브랜드 개성, 브랜드 자산, 및 충성도에 미치는 영향: 2012 여수세계박람회를 중심으로." 박사학위논문, 동국대학교 대학원, 2013.

이진주. "혁신이론의 범위와 연구동향." 「경영학연구」 27(5) (1998): 1,115- 1,139.

이진희·정철·김남조. "유튜브 관광콘텐츠 특성이 확신, 지각된 유용성, 만족, 충성도에 미치는 영향." 「관광연구」 34(8) (2019): 48-50.

이창욱. "스마트 미디어 기반의 증강현실 어플리케이션 확장성 연구." 「한국디자인문화학회지」 18(4) (2012): 485-495.

이해영. "여행 옴니채널 커머스 구현을 위한 모바일 상호작용성과 브랜드 신뢰의 역할." 「관광레저연구」 29(5) (2017): 85-100.

이홍재·장미진. "우리민족 문화창달을 위한 향교와 서원 기능의 현대적 활용 방안." 「한국문화정책개발원 정책과제」 2001(15) (2015): 10-100.

이흥표. "평판의 위력 : 사회적 평판이 호감과 신뢰 및 선호도에 영향을 미치는가?." 「문화 및 사회문제」 17(3) (2011): 261-285.

이훈. "문화관광축제 20년 파급효과와 과제." 「한국관광정책」 61 (2015): 46-55.

이훈·최일선. "놀이성에 따른 일탈 행동의 차이분석." 「관광학연구」 36(9) (2012): 241-260.

임도빈. "질적 연구 방법의 내용과 적용전략." 「정부학연구」 15(1) (2009): 155-188.

임병학·임병진 "문화 간 역량에 대한 문화 지향성의 조절효과 분석: 미국에서 히스패닉 문화를 중심으로." 「무역연구」 10(2) (2014): 403-425.

임영숙. "지역브랜드공연의 도시 활성화 효과에 관한 연구." 박사학위논문, 가톨릭대학교 대학원, 2013.

장예빛·이윤진·오규환·석혜정. "역사유적지의 관광객을 위한 스토리기반 스마트콘 텐츠 연구: 수원 화성건립을 중심으로." 「한국영상학회논문집」 14(4) (2016): 43-56.

장채천. "조선시대의 향교교육 진흥책 연구." 「敎育學硏究」 35(4) (1997): 53-68.

장준호. "관광개발 영향에 대한 지역주민 태도 차이 연구: 인근·비인근 지역주민을 대상으로." 「문화연구」 27(3) (2012): 337-355.

장화섭. "비쥬얼 커뮤니케이션과 동적 이미지 : 구상표현과 추상표현에서의 동적 이미지를 중심으로." 「기초조형학연구」 11(3) (2010): 441-448.

전경수. 「문화의 이해」. 서울: 일지사, 1994.

전귀연·김미성·하동현. "관광객체험이 체험품질, 체험만족 및 애호도에 미치는 영향에 관한 연구." 「관광연구」 25(2) (2010): 271−292.

전동진. "구조의 체제와 역동성, 그리고 생성: 롬바흐의 「구조존재론」에 관한 일고." 「현대유럽철학연구」 37 (2015): 35−62.

전동환. "관광홍보전략의 이론적 접근." 「경영학연구」 10 (1997): 191−205.

정갑영. "연산일반균형모형을 이용한 관광정책의 경제적 효과 분석." 「한국문화관광연구원 수시연구」 (2008): 57−95.

정대열. "향교와 서원의 구성시설." 「교육시설」 25(6) (2018): 7−12.

정민채. "역사문화유적지의 교육성·브랜드가치·선택속성이 관광만족 및 행동의도에 미치는 영향." 박사학위논문, 경희대학교 대학원, 2009.

정보람·전인수. "소득수준과 문화적 여건이 행복감에 미치는 영향." 「문화정책논총」 31(1) (2017): 30−51.

정서란·이진호. "브랜드 이미지가 구매 태도에 미치는 영향." 「디자인학회」 (2005): 59−68.

정오·이지민·정남호·구철모. "관광목적지에 대한 지각된 가치가 관광경험만족과 재방문의도에 미치는 영향." 「호텔경영학연구」 27(1) (2018): 73−88.

정창윤·김인신. "도시 브랜드 풍문을 통한 혁신성 지각이 지역주민의 시민행동에 미치는 영향: MICE도시 부산' 브랜드를 중심으로." 「호텔관광연구」 17(4) (2015): 321−336.

정행득·이상호. "문화콘텐츠산업이 국민경제에 미치는 경제효과 분석." 「문화산업연구」 14 (2014): 83−92.

정헌수·김우양. "소비자 혁신성과 고려제품군 형태간의 관계에 관한 연구." 「소비자학연구」 14(4) (2003): 3−72.

정헌일. "문화산업진흥기본법의 유인 및 규제체계 분석." 「문화정책논총」 18 (2007): 125−144.

정호진. "공동체와 문화관광." 「앞, 뒤 바라보다」 4 (2010): 6−8.

조우찬. "문화예술 콘텐츠로써 동학농민혁명의 확장성과 스토리텔링의 활용." 「문화콘텐츠연구」 17 (2019): 7−32

조정현. "동해안별신굿 무업집단의 성격과 탈굿·거리굿의 역동성." 「공연문화연구」 17 (2008): 351-393.

조정현. "소통하는 유교문화 콘텐츠 모색." 「민족문화연구」 81 (2018): 619-647.

조현성. "포용사회를 위한 일상의 문화정책." 「문화·체육·관광·문화재 분야 정책 성과와 과제: 일상에서 만나는 문화」 (2019): 13-15.

주한나. "전통성 인지요인 및 인지정도에 관한 연구 : 전통한옥에 사용한 벽재(壁材)를 중심으로." 「디자인융복합연구」 43(12-6) (2013): 403-418.

진문도. "방한 중국인 개별관광객(FIT)의 관광지 선택속성의 중요도: 만족도 분석." 석사학위논문, 동아대학교 대학원, 2017.

진성수. "한국 유교 현황과 현대화 전략." 「유교사상문화연구」 73 (2018): 185-216.

진재수·조선배·최현준. "관광목적지 경험에서 안내자의 설명이 관광객만족과 추천 의도에 미치는 영향." 「호텔경영학연구」 28(5) (2019): 257-266.

최명철·서문교. "감성지능과 자기 효능감의 관계에서 전통성과 현대성의 조절역할." 「한국조직학회보」 10(1) (2013): 107-124.

최일선·홍장원·이정아. "섬 관광객의 관광지 선택속성과 관광제약이 관광 만족도와 재방문 의도에 미치는 영향." 「관광연구논총」 31(4) (2019) : 121-138.

최정문. "경주역사문화도시 조성사업의 관광효과에 관한 동태적연구 : 시스템 다이내믹스를 중심으로." 박사학위논문, 동국대학교 대학원, 2016.

최정은·김면. "디지털시대의 문화예술콘텐츠 플랫폼에 관한 연구 : 구글 아트 앤컬처를 중심으로." 「기초조형학연구」 20(3) (2019): 433-446.

최정자. "진정성 체험이 문화유산 관광 후 평가에 미치는 영향." 「관광학연구」 38(2) (2014): 11-32.

최준호. "심미적 반성 활동과 예술의 경험적 고유성: 칸트의 논의를 중심으로." 「칸트연구」 14 (2004): 147-168.

최철재·민대규. "관광서비스에서 품질지각이 재구매의도에 미치는 영향: 서비스애착의 매개역할 및 접촉강도의 조절효과."「대한경영학회지」32(9) (2019): 1,581-1,603.

하규수·문지은. "유교문화 콘텐츠를 활용한 도시브랜드 활성화 방안 연구: 안동시와 중국 부곡시 사례를 중심으로."「한국산학기술학회논문지」17(1) (2016): 252-263.

하동현·조태영·조영신,「관광학원론」. 서울: 한올출판사, 2016.

하재만. "HMR 선택속성이 구매의도에 미치는 영향: 브랜드 신뢰의 매개역할을 중심으로."「한국조리학회지」25(10) (2019): 200-208.

한경. "관광해설정보 유용성, 마음충만, 관광경험 및 행동의도간의 구조적 관계." 박사학위논문, 부경대학교 대학원, 2014.

한교남. "유교전통과 문화관광 콘텐츠의 전망과 개선점."「성균관유교문화활성화사업단 유교문화활성화사업 결과보고회」 2018.

한국관광문화연구원.「한국관광정책 64」 2016.

한국콘텐츠진흥원.「콘텐츠산업 경제적 파급효과 분석연구」 2020.

한국콘텐츠진흥원.「미국 콘텐츠산업동향 11」 2018.

한국콘텐츠진흥원.「미국 콘텐츠산업동향 19」 2019.

한기창. "소비자가치 분석을 통한 명품패션브랜드의 상징적 의미."「한국디자인문화학회지」 19(4) (2013): 723-735.

한상우. "경남지역 유교·선비문화유산 활용 제고를 위한 정책 방안."「정책포커스」 (2014): 1-37.

한숙영·엄서호. "Pine-Gilmore의 체험영역 모델에 관한 검증: 한산모시축제 체험활동 참가자 만족을 중심으로."「관광학연구」 29(2) (2005): 131-148.

허중욱·김진동. "지역주민과 방문자의 문화관광축제에 대한 고유성과 오락성 향유."「관광연구저널」 21(4) (2007): 85-99.

현용호. "온라인 이용동기에 따른 온라인 관광정보, 태도, 구매의도간의 구조적 영향 관계 고찰."「관광레저연구」 20(1) (2008): 109-128.

현종협·김경범. "지역축제 이미지가 방문객의 만족도, 재방문 및 추천의사에 미치는 영향." 「한국콘텐츠학회 논문지」 16(6) (2016): 493-506.

홍창기. "전통문화 콘텐츠를 이용한 모바일 게임 그래픽 연구." 「한국디자인포럼」 53 (2016): 261-269.

황달기. "일본 미야게의 관광문화적 의미와 기능." 「일본문화연구」 62 (2017): 275-293.

황종규·엄홍석·이명숙. "지역축제 방문자 만족의 영향요인에 관한 연구: 풍기인삼축제를 중심으로." 「한국행정논집」 17(2) (2005): 313-337.

황태희·최희수. "향교서원의 현대적 해석을 통한 활용 방안." 「글로벌문화콘텐츠학회 학술대회」 (2014): 191-197.

황희정·윤현호. "정주형 생활유산에서의 지역주민 공정성." 「관광연구」 27(3) (2012): 475-503.

Edward Burnett Tylor. 「원시문화1」. 유기쁨 역. 서울: 아카넷출판사, 2018.

F. M. Dostoevskii. 「도스토예프스키의 유럽인상기」. 이길주 역. 서울: 푸른숲출판사, 1999.

David A. Aaker. 「데이비드 아커의 브랜드 경영」. 이상민 역. 서울: 비즈니스북스출판사, 2003.

B. Joseph pineⅡ and James H. Gilmore. 「체험의 경제학」. 김미옥 역. 서울: 21세기북스출판사, 2010.

Joseph F. Hair. Jr., G. Tomas M. Hult, Christian M. Ringle, Marko Sarstedt. 「PLS 구조모델의 이해」. 김장현·심경환·이철성 역. 고양시: 피앤씨미디어, 2014.

Aaker, J. L. "Dimensions of Brand Personality." *Journal of Marketing Research* 34(3) (1997): 347-356.

Bigné, J. E., L. Andreu, and J. Gnoth. "The theme park experience: An analysis of pleasure, arousal and satisfaction." *Tourism Management* 26(6) (2005): 833−844.

Chin, Wynne. W. "Issues and Opinion on Structural Equation Modeling." *MIS Quarterly* 22(1) (1998): vii−xvi.

Dann, G. "Tourist motivation: An appraisal." *Annals of Tourism Research* 18 (1979): 53−62.

Fornell, C. and D. F. Larcker. "Evaluating structural equation models with unobservable variables and measurement error." *Journal of Marketing Research* 18(1)(1981): 39−50.

Gefen, D., & Straub, D. "A practical guide to factorial validity using PLS− Graph: Tutorial and annotated example." *Communications of the Association for information Systems* 6(5) (2005): 91−109.

Kim, Myun. "Republic of Korea Report 2018: Second Quadrennial Periodic Report." *A colloquium on the Convention on the Diversity of UNESCO's Cultural Expressions* :Re−Shaping Cultural Diversity Policies (2018): 13−23.

Lounsbury, J. W. and J. R. Polik. "Leisure Needs and Vacation Satisfaction." *Leisure Science* 14(2) (1992): 105−119.

Myriam, Jansen−Verbeke. "The Territoriality Paradigm in Cultural Tourism." *Tourism* 19(1−2) (2009): 25−31.

Newsom, Jason T. Psy 523/623 Structural Equation Modeling, Spring 2018.

OECD. OECD *Tourism Trendsand Policies* 2020. OECD, 2020.

Oh, H., A. M. Fiore and M. Jeong. "Measuring experience economy concepts: tourism applications." *Journal of Travel*

Research 46(2) (2007): 119-131.

Oliver, R. L. "Cognitive Affective and Attribute Bases of the Satisfaction Response." *Journal of Consumer Research* 20(3) (1993): 418-430.

Oliver, R. L. "A Conceptual Model of Service Quality and Service Satisfaction: Compatible Goals, Different Concepts." *Advances in Services Marketing and Management* 2 (1993): 65-88.

Pine II, B. Joseph and James H. Gilmore. "Welcome to the Experience Economy." *Harvard Business Review* 76(4) (1998): 97-105.

Plummer, J. T. "How Personality makes a Difference." *Journal of Advertising Research* 24(6) (1985): 27-31.

Prentice, R. "Tourist motivation and typologies." *A Companion to Tourism* (2004): 261-279.

Ryan, R. M. and E. L. Deci. "Intrinsic and extrinsic motivations: Classic definitions and new directions." *Contemporary Educational Psychology* 25(1) (2000): 54-67.

Sarstedt, Marko, Christian M. Ringle, Donna Smith and Russell Reams. "Partial Least Squares Structural Equation Modeling(PLS-SEM): A Useful Tool for Family Business Researchers," *Journal of Family Business Strategy* 5 (2014): 105-115.

Sheeraz, Muhammad Abdullah, Nadeem Iqbal, and Naveed Ahmed. "Impact of Brand Credibility and Consumer Values on Consumer Purchase Intentions in Pakistan." *International Journal of Academic Research in Business and Social Sciences* 2(8) (2012): 1-10.

Strauss, Anselm and Julit Corbin. Basics of qualitative research:
Techniques and Procedures for Developing Grounded
Theory. (Second Edition). *Sage Publications*. 1998.

Xue, Changxue. "A Review of Tomlinson's Views on Cultural
Globalization." *Asian Social Science* 4(6) (2008):
112−114.

http://www.marketingpower.com(2019.01.02.)

http://kosis.kr(2019.01.02.)

http://www.culturaldiplomacy.org(2017.01.02)

https://mcst.go.kr(2019.01.03.)

http://www.hotelresortinsider.com(2019.07.14.)

http://www.hotelresortinsider.com(2019.09.05.)

https://softpower30.com(2019.07.16.)

https://www.worldcf.co.kr(2019.07.16.)

https://www.worldcf.co.kr(2020.06.05.)

http://www.jeonju.go.kr(2019.07.26.)

http://www.cha.go.kr(2019.07.26.)

https://www.yangju.go.kr(2020.01.02.)

http://opc.or.kr(2020.01.02.)

http://www.wolbong.org(2020.01.02.)

부록

<전국 향교·서원 주소록>

1. 서울·경기권 향교

번호	지역	명칭	주소
1	서울특별시	양천향교	서울 강서구 양천로47 나길 53
2	인천광역시	강화향교	인천시 강화군 강화읍 송악길 53 유림회관
3	인천광역시	교동향교	인천시 강화군 교동면 교동남로 229-49
4	인천광역시	부평향교	인천시 계양구 향교로 22
5	인천광역시	인천향교	인천시 미추홀구 매소홀로 442 유림회관
6	경기도	가평향교	경기도 가평군 가평읍 석봉로 191 가평유림회관3층
7	경기도	고양향교	경기도 고양시 덕양구 고양시청로 16-5 유림회관 301호
8	경기도	과천향교	경기도 과천시 자하동길 18 유림회관
9	경기도	광주향교	경기도 하남시 하산곡동 206-3 유림회관
10	경기도	교하향교	경기도 파주시 금정20길 10 4층 유림회관
11	경기도	김포향교	경기도 김포시 사우동 253-3 유림회관
12	경기도	남양향교	경기도 화성시 남양동 글판동길15번길 18-3
13	경기도	수원향교	경기도 수원시 팔달구 향교로 107-9 유림회관
14	경기도	안성향교	경기도 안성시 남파로 238　명륜교육관
15	경기도	양근향교	경기도 양평군 옥천면 옥천체육공원길 26 유림회관
16	경기도	양성향교	경기도 안성시 양성면 교동길 33-4
17	경기도	양주향교	경기도 양주시 양주1동 부흥로1423번길 50
18	경기도	양지향교	경기도 용인시 양지면 향교로 13번길 9

19	경기도	여주향교	경기도 여주시 홍문동 193-46
20	경기도	연천향교	경기도 연천군 연천읍 지혜로117번길 20
21	경기도	용인향교	경기도 용인시 구성면 언남리 335
22	경기도	이천향교	경기도 이천시 향교로1(창전동)
23	경기도	적성향교	경기도 파주시 적성면 감악산로 1311-20
24	경기도	죽산향교	경기도 안성시 죽산면 죽산향교길 54-45
25	경기도	지평향교	경기도 양평군 지평면 지평리 343
26	경기도	진위향교	경기도 평택시 진위면 봉남리 167
27	경기도	통진향교	경기도 김포시 통진읍 조강로 44번길 4 유림회관
28	경기도	파주향교	경기도 파주시 파주읍 파주리 335
29	경기도	평택향교	경기도 평택시 팽성읍 객사리 187-26
30	경기도	포천향교	경기도 포천시 중앙로 110번길 6-1 유림회관 2층

2. 서울·경기권 서원

번호	지역	명칭	주소
1	서울특별시	도봉서원	서울시 도봉구 도봉산길 90
2	경기도	기천서원	경기도 여주군 금사면 이포리 뒷머리길11
3	경기도	노강서원	경기도 의정부시 동일로 122번길153
4	경기도	대로서원	경기도 여주시 청심로113
5	경기도	대포서원	경기도 김포시 양촌읍 황금로 23번길30-32
6	경기도	덕봉서원	경기도 안성시 양성면 덕봉서원로529-8
7	경기도	덕양서원	경기도 고양시 덕양구 고양대로 1445-46
8	경기도	매산서원	경기도 여주시 능서면 능서로94-8
9	경기도	사천서원	경기도 양주시 은현면 은현로 382번길52
10	경기도	사충서원	경기도 하남시 하남대로 232번길 89-8
11	경기도	설봉서원	경기도 이천시 경충대로 2709번길 276
12	경기도	소산서원	경기도 시흥시 소산서원길20
13	경기도	수곡서원	경기도 양평군 지평면 수곡안말길41-1
14	경기도	심곡서원	경기도 용인시 수지구 심곡로19-9
15	경기도	안곡서원	경기도 화성시 서신면 제부로860-36
16	경기도	옥병서원	경기도 포천시 창수면 옥수로 327번길189
17	경기도	용강서원	경기도 고양시 일산동구 감내길25-10
18	경기도	용연서원	경기도 포천시 신북면 신창길5
19	경기도	용주서원	경기도 파주시 월롱면 용주서원길40
20	경기도	우저서원	경기도 김포시 중봉로 25번길79
21	경기도	운계서원	경기도 양평군 용문로336번지 평양조씨문강공손

22	경기도	임장서원	경기도 연천군 연천읍 동막로25번길 170
23	경기도	자운서원	경기도 파주시 법원읍 자운서원로204
24	경기도	충렬서원	경기도 용인시 처인구 모현면 충렬로9-19
25	경기도	파산서원	경기도 파주시 파평면 파산서원길 24-40
26	경기도	행주서원	경기도 고양시 덕양구 행주산성로127-17
27	경기도	현절사	경기도 광주시 남한산성면 남한산성로732-42
28	경기도	화산서원	경기도 포천시 가산면 가산로227-40

3. 충청권 향교

번호	지역	명칭	주소
1	대전광역시	진잠향교	대전시 유성구 교촌로 67
2	대전광역시	회덕향교	대전시 대덕구 한밭대로 988번길 89(오정동)
3	세종자치시	연기향교	세종시 연기면 교촌3길 13
4	세종자치시	전의향교	세종시 전의면 북촌1길 5-18
5	충청남도	결성향교	충남 홍성군 결성면 홍남서로 707번길 21-8
6	충청남도	공주향교	충남 공주시 교동 121-2 유림회관3층
7	충청남도	금산향교	충남 금산군 금산읍 금산로 1490 유림회관
8	충청남도	남포향교	충청남도 보령시 남포면 읍성향교길 133 KR
9	충청남도	노성향교	충남 논산시 노성면 교촌리 308
10	충청남도	당진향교	충남 당진군 당진읍 읍내리 145-55
11	충청남도	대흥향교	충남 예산군 대흥면 교촌향교길 88
12	충청남도	덕산향교	충남 예산군 덕산면 온천단지2로 125 유림회관
13	충청남도	면천향교	충남 당진시 우강면 박원로 281
14	충청남도	목천향교	충남 천안시 동남구 목천읍 교촌리 129
15	충청남도	보령향교	충남 보령시 화현2길 26-35
16	충청남도	부여향교	충남 부여군 부여읍 동남리 445-1
17	충청남도	비인향교	충남 서천군 비인면 성내리 169
18	충청남도	서산향교	충남 서산시 향교1로 26
19	충청남도	서천향교	충남 서천군 서천읍 충절로 109번길 24
20	충청남도	석성향교	충남 부여군 석성면 석성리
21	충청남도	신창향교	충남 아산시 신창면 읍내리 320-1
22	충청남도	아산향교	충남 아산시영인면 상성리 218-2

23	충청남도	연산향교	충남 논산시 연산면 연산2길 4 유림회관
24	충청남도	예산향교	충남 예산군 예산읍 예산로 215 유림회관 3층
25	충청남도	오천향교	충남 보령시 오천면 향교길 45-26
26	충청남도	온양향교	충남 아산시 외암로 1414
27	충청남도	은진향교	충남 논산시 은진면 탑정로 667번길 5-14
28	충청남도	임천향교	충남 부여군 임천면 성흥로75번길 6-7
29	충청남도	정산향교	충남 청양군 정산면 서정리 516-2
30	충청남도	직산향교	충남 천안시 서북구 직산읍 군서1길 35-6
31	충청남도	진산향교	충남 금산군 진산면 교촌리 355
32	충청남도	천안향교	충남 천안시 서북구 쌍용19로 21 유림빌딩 4층
33	충청남도	청양향교	충남 청양군 청양읍 향교길 20-8
34	충청남도	한산향교	충남 서천군 한산면 지현리 389
35	충청남도	해미향교	충남 서산시 해미면 해미향교길 2-13
36	충청남도	홍산향교	충남 부여군 홍산면 교원리 233
37	충청남도	홍주향교	충남 홍성군 홍성읍 충서로 1575번길 91-10
38	충청북도	괴산향교	충북 괴산군 괴산읍 서부리104
39	충청북도	단양향교	충북 단양군 단양읍 별곡리 337 유림회관
40	충청북도	문의향교	충북 청주시 서원구 현도면 중척1길 100
41	충청북도	보은향교	충북 보은군 보은읍 삼산로 1길 4
42	충청북도	연풍향교	충북 괴산군 연풍면 행촌리 590
43	충청북도	영동향교	충북 영동군 영동읍 성안길 26
44	충청북도	영춘향교	충북 단양군 영춘면 영부로 2884-3
45	충청북도	옥천향교	충북 옥천군 옥천읍 교동리 320
46	충청북도	음성향교	충북 음성군 음성읍 읍내리 156-1

47	충청북도	제천향교	충북 제천시 칠성로 117
48	충청북도	진천향교	충북 진천군 진천읍 문화로 74
49	충청북도	청산향교	충북 옥천군 청산면 교평2길 17-10
50	충청북도	청안향교	충북 괴산군 청안면 읍내리 278
51	충청북도	청주향교	충북 청주시 상당구 대성로122번길 81
52	충청북도	청풍향교	충북 제천시 청풍면 물태리 133-6
53	충청북도	충주향교	충북 충주시 교현1동 376
54	충청남도	태안향교	충남 태안군 태안읍 백화1길 5
55	충청북도	황간향교	충북 영동군 황간면 마산리 106
56	충청북도	회인향교	충북 보은군 회북면 부수리 405-2

4. 충청권 서원

번호	지역	명칭	주소
1	대전광역시	숭현서원	대전광역시 유성구 엑스포로 251번길 36
2	세종특별자치시	검담서원	세종특별자치시 부강면 금호선말길 15-10
3	세종특별자치시	덕성서원	세종특별자치시 연기면 도담길 13
4	충청남도	간곡서원	충남 부여군 임천면 성흥로 283번길31-4
5	충청남도	고로서원	충남 공주시 사곡면 능계길 60-67
6	충청남도	금곡서원	충남 논산시 연무읍 왕릉로 106번길 35
7	충청남도	노강서원	충남 논산시 광석면 오강길 56-5
8	충청남도	독성서원	충남 아산시 염치읍 동정길 213번길 37-10
9	충청남도	돈암서원	충남 논산시 연산면 임3길24-4
10	충청남도	동곡서원	충남 부여군 세도면 성흥로479-9
11	충청남도	명탄서원	충남 공주시 명탄 서원길 43
12	충청남도	문헌서원	충남 서천군 기산면 서원로 172번길 66
13	충청남도	반산서원	충남 부여군 임천면 충절로 1001번길 22
14	충청남도	봉곡서원	충남 논산시 연무읍 황화로 290
15	충청남도	성암서원	충남 서산시 성암1로 45
16	충청남도	송곡서원	충남 서산시 인지면 무학로 1353-9
17	충청남도	용강서원	충남 금산군 제원면 용화로 258
18	충청남도	용문서원	충남 공주시 중등골길 54-7
19	충청남도	죽림서원	충남 논산시 강경읍 금백로 20-3
20	충청남도	창강서원	충남 부여군 부여읍 삼충로 서원북길 21
21	충청남도	청풍서원	충남 금산군 부리면 무금로 1688
22	충청남도	충곡서원	충남 논산시 부적면 충곡로269번길 60-7
23	충청남도	충현서원	충남 공주시 반포면 공암장터길 28-6
24	충청남도	칠산서원	충남 부여군 임천면 부흥로171번길 73

25	충청남도	행림서원	충남 논산시 가야곡면 육곡길 27
26	충청남도	화산서원	충남 서천군 기산면 화출길 66-17
27	충청남도	화암서원	충남 보령시 청라면 죽성로 411
28	충청남도	효암서원	충남 논산시 가야곡면 덕은로470번길 18-8
29	충청남도	휴정서원	충남 논산시 부적면 신풍길 87
30	충청북도	검암서원	충북 청원군 가덕면 병암1길 37-14
31	충청북도	계담서원	충북 괴산군 감물면 감물로이담5길 1009
32	충청북도	국계서원	충북 청원군 내수읍 비중길 27
33	충청북도	군방서원	충북 괴산군 청안면 문방5길 7-2
34	충청북도	덕천서원	충북 청원군 가덕면 노동3길 16-30
35	충청북도	묵정서원	충북 청원군 낭성면 관정길 71-29
36	충청북도	백록서원	충북 청원군 옥산면 환희3길 38-20
37	충청북도	상현서원	충북 보은군 장안면 장안로 225
38	충청북도	신항서원	충북 청주시 상당구 이정골로 115-8
39	충청북도	옥화서원	충북 청원군 미원면 옥화2길 50
40	충청북도	운곡서원	충북 음성군 삼성면 청용로365번길 15-20
41	충청북도	운곡서원	충북 청주시 상당구 목련로214번길 37-3
42	충청북도	죽계서원	충북 청주시 청원구 북이면 용계4길 8-12
43	충청북도	지천서원	충북 음성군 생극면 팔성길 90-16
44	충청북도	팔봉서원	충북 충주시 대소원면 팔봉안길 11-6
45	충청북도	표충사	충북 청주시 상당구 수동로 53번길 9
46	충청북도	하강서원	충북 충주시 금가면 김생로 1455-54
47	충청북도	화암서원	충북 괴산군 괴산읍 괴강로 313
48	충청북도	화양서원	충북 괴산군 청천면 화양동길 188

5. 전라권 향교

번호	지역	명칭	주소
1	광주광역시	광주향교	광주시 남구 중앙로 107번길 5
2	전라남도	강진향교	전남 강진군 강진읍 영랑로1길 34 유림회관
3	전라남도	고흥향교	전남 고흥군 고흥읍 흥양길 90-26
4	전라남도	곡성향교	전남 곡성군 곡성읍 교촌리 1
5	전라남도	광양향교	전남 광양시 광양읍 우산리 509
6	전라남도	구례향교	전남 구례군 구례읍 봉성로 36
7	전라남도	나주향교	전남 나주시 향교길 38 나주 향교
8	전라남도	낙안향교	전남 순천시 순천시 낙안면 교촌리 222
9	전라남도	남평향교	전남 나주시 남평읍 교원리 161-1
10	전라남도	능주향교	전남 화순군 능주면 남정리 328
11	전라남도	담양향교	전남 담양군 담양읍 향교길 19
12	전라남도	돌산향교	전남 여수시 돌산읍 군내리 202
13	전라남도	동복향교	전남 화순군 동복면 연월리 864
14	전라남도	무안향교	전남 무안군 무안읍 향교길 20
15	전라남도	보성향교	전남 보성군 보성읍 중앙로 58-10
16	전라남도	순천향교	전남 순천시 향교길 60(금곡동 182)
17	전라남도	여수향교	전남 여수시 군자길 46
18	전라남도	영광향교	전남 영광군 영광읍 향교길 32
19	전라남도	영암향교	전남 영암군 영암읍 교동로 73
20	전라남도	옥과향교	전남 곡성군 옥과면 옥과7길 13
21	전라남도	완도향교	전남 완도군 완도읍 죽청리 850-1
22	전라남도	장성향교	전남 장성군 장성읍 영천리 940-3

23	전라남도	장흥향교	전남 장흥군 장흥읍 남외교촌길 33
24	전라남도	지도향교	전남 신안군 지도읍 읍내리 112
25	전라남도	진도향교	전남 진도군 진도읍 교동리 275
26	전라남도	창평향교	전남 담양군 고서면 교산리 138
27	전라남도	함평향교	전남 함평군 대동면 중교길 5
28	전라남도	해남향교	전남 해남군 해남읍 향교길 20
29	전라남도	화순향교	전남 화순군 화순읍 교동2길 14
30	전라북도	고부향교	전북 정읍시 고부면 교동4길 20
31	전라북도	고산향교	전북 완주구 고산면 고산로 147-27
32	전라북도	고창향교	전북 고창군 고창읍 향교길 27-3
33	전라북도	금구향교	전북 김제시 금구면 금구3길 509
34	전라북도	김제향교	전북 김제시 향교길 89-3
35	전라북도	남원향교	전북 남원시 향교길 43
36	전라북도	만경향교	전북 김제시 만경읍 두내산1길 25-10
37	전라북도	무장향교	전북 고창군 무장면 교흥교촌길 9
38	전라북도	무주향교	전북 무주군 무주읍 읍내리 256
39	전라북도	부안향교	전북 부안군 부안읍 향교길 25
40	전라북도	순창향교	전북 순창군 순창읍 교성리 134
41	전라북도	여산향교	전북 익산시 여산면 여산리 101-1
42	전라북도	옥구향교	전북 군산시 옥구읍 광월길 33-50
43	전라북도	용담향교	전북 진안군 동향면 진성로 1697
44	전라북도	용안향교	전북 익산시 용안면 교동리 163-1
45	전라북도	운봉향교	전북 남원시 운봉읍 운봉남길 217 -28
46	전라북도	익산향교	전북 익산시 금마면 고도7길 11-4

47	전라북도	임실향교	전북 임실군 임실읍 이도리 812-1
48	전라북도	임피향교	전북 군산시 임피면 읍내리 538
49	전라북도	장수향교	전북 장수군 장수읍 향교길 31-14
50	전라북도	전주향교	전북 전주시 완산구 향교길 139
51	전라북도	정읍향교	전북 정읍시 충정로 193
52	전라북도	진안향교	전북 진안군 진안읍 군상리 527-1
53	전라북도	태인향교	전북 정읍시 태인면 태성리 581
54	전라북도	함열향교	전북 익산시 함라면 함라교동길 27-4
55	전라북도	흥덕향교	전북 고창군 흥덕면 교운리

6. 전라권 서원

번호	지역	명칭	주소
1	광주광역시	두암서원	광주광역시 북구면 앙로170번길 12-17
2	광주광역시	무양서원	광주광역시 광산구 산월로21번길 26
3	광주광역시	월봉서원	광주광역시 광산구 광산로 29번길 15
4	광주광역시	유애서원	광주광역시 광산구 용아로 460
5	전라남도	가산서원	전남 장성군 삼서면 영장로 2015
6	전라남도	강성서원	전남 장흥군 유치로 70
7	전라남도	겸천서원	전남 순천시 주암면 죽림원길 33-10
8	전라남도	경현서원	전남 나주시 노안면 영안길 31-9
9	전라남도	계송서원	전라남도 영광군 영광읍 청보리로 3길31
10	전라남도	고산서원	전라남도 장성군 진원면 고산로 68
11	전라남도	곡수서원	전라남도 순천시 순광로 105-17
12	전라남도	군자서원	전라남도 강진군 작천면 행정길 65-1
13	전라남도	남강서원	전라남도 강진군 강진읍 향교로 128-2
14	전라남도	내산서원	전라남도 영광군 불갑면 강항로 101
15	전라남도	녹동서원	전라남도 영암군 영암읍 교동로 73
16	전라남도	대계서원	전라남도 보성군 보성읍 동암2길 100
17	전라남도	덕계서원	전라남도 곡성군 오곡면 오지5길 7
18	전라남도	덕양서원	전라남도 곡성군 오곡면 덕양서원길 42
19	전라남도	덕양서원	전라남도 고흥군 동일면 덕흥리 668-2
20	전라남도	도동서원	전라남도 곡성군 오곡면 기차마을로 135
21	전라남도	도원서원	전라남도 화순군 동복면 연곡길 137
22	전라남도	명곡서원	전라남도 강진군 군동면 신기길 63
23	전라남도	묘장서원	전라남도 영광군 묘량면 동삼로1길 21
24	전라남도	무령서원	전라남도 영광군 영광 읍와룡로2길 16

25	전라남도	미강서원	전라남도 순천시 해룡 면해광로 175
26	전라남도	미산서원	전라남도 해남 군해남읍 수성3길 25-13
27	전라남도	미천서원	전라남도 나주시 미천서원길 14-11
28	전라남도	박산서원	전라남도 강진군 작천면 박산죽현길 107-56
29	전라남도	방산서원	전라남도 구례군 산동면 둔사길 36-13
30	전라남도	방춘서원	전라남도 해남군 계곡면 방춘길 148
31	전라남도	보촌서원	전라남도 영광군 군남면 동간길 서편마을
32	전라남도	봉산서원	전라남도 나주시 남평읍 지석로 212-8
33	전라남도	봉암서원	전라남도 장성군 장성읍 화차길 159
34	전라남도	설제서원	전라남도 나주시 노안면 영안길 60
35	전라남도	송천서원	전라남도 순천시 별량면 송천1길 59
36	전라남도	수암서원	전라남도 강진군 성전면 동령길 51
37	전라남도	연곡서원	전라남도 장흥군 장흥읍 연곡길 31
38	전라남도	영귀서원	전라남도 곡성군 겸면 현정길 49-23
39	전라남도	예양서원	전라남도 장흥군 장흥읍 예양4길 15-7
40	전라남도	옥계서원	전라남도 순천시 명말2길 16
41	전라남도	옥천서원	전라남도 순천시 임청대길 18
42	전라남도	용강서원	전라남도 순천시 공마당1길 64
43	전라남도	용산서원	전라남도 보성군 미력면 덕림리
44	전라남도	용전사	전라남도 강진군 작천면 작천용정길 21-1
45	전라남도	월정서원	전라남도 나주시 노안면 금안2길 163-23
46	전라남도	율봉서원	전라남도 순천시 별량면 우산간 동길 1-8
47	전라남도	이천서원	전라남도 순천시 상사 면동백길 56
48	전라남도	이흥서원	전라남도 영광군 영광읍 영광로 7길 46-79
49	전라남도	자산서원	전라남도 함평군 엄다면 곤재로 688
50	전라남도	장연서원	전라남도 나주시 남평읍 풍림남석길 167-5

51	전라남도	재동서원	전라남도 고흥군 대서면 동서로 243-51
52	전라남도	주봉서원	전라남도 강진군 옴천면 장강로 1785-3
53	전라남도	죽림서원	전라남도 장성군북 이면 만무부 동길 3-16
54	전라남도	죽수서원	전라남도 화순군 한천면 학포로 1786-45
55	전라남도	죽정서원	전라남도 영암군 군서면 죽정서원길 19
56	전라남도	죽천서원	전라남도 장흥군 관산읍 관산로 18-84
57	전라남도	지곡서원	전라남도 화순군 화순읍 서당길 58-16
58	전라남도	창계서원	전라남도 나주시 다시면 영산로 4813-1
59	전라남도	필암서원	전라남도 장성군 황룡면 필암서원로 184
60	잔라남도	해망서원	전라남도 화순군 춘양면 섶메길 37-1
61	전라북도	계산서원	전라북도 고창군 상하면 검산리 400-1
62	전라북도	계양서원	전라북도 부안군 계화면 양지길 12
63	전라북도	고암서원	전라북도 정읍시 모촌길 48-17
64	전라북도	관곡서원	전라북도 임실군 지사면 관기리 208
65	전라북도	구호서원	전라북도 완주군 봉동읍 구미2길 44
66	전라북도	귀산서원	전라북도 진안군 마령면 임진로 2361-82
67	전라북도	남고서원	전라북도 정읍시 북면 보림1길 392
68	전라북도	노양서원	전라북도 정읍시 상흑길 44
69	전라북도	대승서원	전라북도 완주군 소양면 신원상리길 84-7
70	전라북도	덕암서원	전라북도 임실군 지사면 원산3길 1-22
71	전라북도	도계서원	전라북도 정읍시 덕천면 도계1길 34-13
72	전라북도	도동서원	전라북도 고창군 신림면 가평1길 64
73	전라북도	도산서원	전라북도 무주군 안성면 사전1길 24-13
74	전라북도	도암서원	전라북도 고창군 공음면 갑촌길 20
75	전라북도	도암서원	전라북도 장수군 장계면 서변길 49-27
76	전라북도	동죽서원	전라북도 정읍시 덕천면 학전길 32-57

77	전라북도	만화서원	전라북도 고창군 신림면 만화길 50
78	전라북도	매계서원	전라북도 남원시 사매면 세동길 13-7
79	전라북도	무성서원	전라북도 정읍시 칠보면 원촌1길 44-12
80	전라북도	문창서원	전라북도 군산시 옥구읍 광월길 33-50
81	전라북도	반곡서원	전라북도 전주시 완산구 황학1길 11-24
82	전라북도	백산서원	전라북도 김제시 백산면 하서3길 84
83	전라북도	백산서원	전라북도 무주군 무풍면 북리길 40
84	전라북도	벽성서원	전라북도 김제시 향교길 89-16
85	전라북도	보광서원	전라북도 완주군 구이면 평촌로 249-4
86	전라북도	보령서원	전라북도 부안군 상서면 봉은길 90-5
87	전라북도	봉강서원	전라북도 완주군 봉동읍 봉강구 만길 29
88	전라북도	분양서원	전라북도 무주군 무풍면 지성길 119
89	전라북도	사동서원	전라북도 장수군 산서면 사창길 35
90	전라북도	사산서원	전라북도 부안군 주산면 세앙길6
91	전라북도	삼현서원	전라북도 김제시 백산면 하홍로 243-16
92	전라북도	승방서원	전라북도 김제시 아리랑로 1832-21
93	전라북도	압계서원	전라북도 장수군 산서면 구암길 77-14
94	전라북도	염의서원	전라북도 군산시 옥산면 염의서원길 156-9
95	전라북도	영계서원	전라북도 진안군 마령면 원강정1길 42
96	전라북도	영천서원	전라북도 임실군 지사면 영천3길 33
97	전라북도	옥산서원	전라북도 군산시 옥구읍 광월길 33-50
98	전라북도	옥산서원	전라북도 정읍시 소성면 애당모촌길 9
99	전라북도	용강서원	전라북도 전주시 덕진구 원동회룡길 59-3
100	전라북도	용계서원	전라북도 정읍시 칠보면 동편길 41-3
101	전라북도	용장서원	전라북도 남원시 주생면 상동길 7-1
102	전라북도	용호서원	전라북도 남원시 주천면정 령치로 269

103	전라북도	운곡서원	전라북도 고창군 아산면 운곡서원길 337
104	전라북도	월암서원	전라북도 고창군 고창읍 월암길 75
105	전라북도	율산서원	전라북도 김제시 명덕1길 240-8
106	전라북도	저산서원	전라북도 김제시 공덕면 회룡길 423-6
107	전라북도	주암서원	전라북도임실군지사면방계3길46
108	전라북도	주천서원	전라북도 진안군 주천면 금평1길 30-7
109	전라북도	죽계서원	전라북도 무주군 안성면 평장길 79
110	전라북도	지성서원	전라북도 김제시 향교길 107
111	전라북도	지음서원	전라북도 김제시 진멀길 134-7
112	전라북도	창동서원	전라북도 정읍시 이평면 창골길 38-27
113	전라북도	창주서원	전라북도 남원시 춘향로 64
114	전라북도	청하서원	전라북도 전주시 완산구 중인1길 272
115	전라북도	치동서원	전라북도 군산시옥 구읍 오곡길 29-13
116	전라북도	풍계서원	전라북도 남원시 대강면 대강산촌길 35-46
117	전라북도	학당서원	전라북도 김제시 백산면 생건길 48
118	전라북도	학정서원	전라북도 임실군 청웅면 구고8길 35-3
119	전라북도	화강서원	전라북도 고창군 고창읍 주곡1길 68-34
120	전라북도	화동서원	전라북도 고창군 대산면 교동길 24
121	전라북도	화산서원	전라북도 익산시 인북로 228
122	전라북도	화산서원	전라북도 익산시 금마면 용순신기길 44-76
123	전라북도	화산서원	전라북도 진안군 안천면 백삼로 30-1
124	전라북도	환봉서원	전라북도 남원시 금지면 금지순환길 269
125	전라북도	황강서원	전라북도 전주시 완산구 황강서원5길 8-7
126	전라북도	효충서원	전라북도 부안군 하서면 계곡길 4
127	전라북도	효충서원	전라북도 임실군 임실읍 임삼로1 590-20

7. 경상권 향교

번호	지역	명칭	주소
1	대구광역시	대구향교	대구광역시 중구 명륜로 112
2	대구광역시	칠곡향교	대구시 북구 칠곡중앙대로 597 칠곡 향교
3	대구광역시	현풍향교	대구시 달성군 현풍면 현풍동로 25길 11 유림회관
4	울산광역시	언양향교	울산시 울주군 삼남면 서향교1길 55
5	울산광역시	울산향교	울산시 중구 명륜로 117
6	부산광역시	기장향교	부산시 기장군 기장읍 차성로 417번길 35 유림회관
7	부산광역시	동래향교	부산시 동래구 명륜로 103
8	경상남도	강양향교	경남 합천군 합천읍 합천리 690-2
9	경상남도	거제향교	경남 거제시 거제면 기성로7길 10
10	경상남도	거창향교	경남 거창군 거창읍 교촌길 61(충효회관)
11	경상남도	고성향교	경남 고성군 고성읍 교사리 270-1
12	경상남도	곤양향교	경남 사천시 곤양면 향교길 43-31
13	경상남도	김해향교	경남 김해시 호계로543번길 20-5
14	경상남도	남해향교	경남 남해군 남해읍 망운로 10번길 51
15	경상남도	단성향교	경남 산청군 단성면 강누리 595-1
16	경상남도	마산향교	경남 마산시 합포구 진동면 교동1길 120
17	경상남도	밀양향교	경남 밀양시 밀양향교3길 19
18	경상남도	사천향교	경남 사천시 사천읍 사천향교로 25
19	경상남도	산청향교	경남 산청군 산청읍 중앙로 59번길 20-5
20	경상남도	삼가향교	경남 합천군 삼가면 소오리 342
21	경상남도	안의향교	경남 함양군 안의면 향교길 15
22	경상남도	양산향교	경남 양산시 교동1길 10-
23	경상남도	영산향교	경남 창녕군 영산면 유생길 19(교리51)
24	경상남도	의령향교	경남 의령군 의령읍 서동리 393

25	경상남도	진주향교	경남 진주시 향교로 99-3
26	경상남도	창녕향교	경남 창녕군 창녕읍 향교길 54
27	경상남도	창원향교	경남 창원시 의안로 59번길 10
28	경상남도	초계향교	경남 합천군 초계면 교촌3길 18-6
29	경상남도	칠원향교	경남 함안군 칠원면 용산리 299
30	경상남도	통영향교	경남 통영시 광도면 향교길 82
31	경상남도	하동향교	경남 하동군 하동읍 향교2길 5
32	경상남도	함안향교	경남 함안군 함안면 덕암길 103
33	경상남도	함양향교	경남 함양군 함양읍 상림3길 5 유림회관
34	경상남도	합천향교	경남 합천군 야로면 향교길 17-3
35	경상북도	개령향교	경북 김천시 개령면 동부리 408
36	경상북도	경산향교	경북 경산시 향교길 14-19
37	경상북도	경주향교	경북 경주시 화랑로28번길 24 유림회관
38	경상북도	고령향교	경북 고령군 고령읍 주산순환길106 유림회관
39	경상북도	군위향교	경북 군위군 소보면 복성4길 73
40	경상북도	김산향교	경북 김천시 교동 437
41	경상북도	문경향교	경북 문경시 문경읍 교촌리 322
42	경상북도	봉화향교	경북 봉화군 봉성면 봉성리 267
43	경상북도	비안향교	경북 의성군 안계면 교촌리 287
44	경상북도	상주향교	경북 상주시 신봉2길 111
45	경상북도	선산향교	경북 구미시 선산읍 동교3길 6-31
46	경상북도	성주향교	경북 성주군 성주읍 예산2길 36-1 유림회관
47	경상북도	순흥향교	경북 영주시 순흥면 청구길 15-36
48	경상북도	신녕향교	경북 영천시 신녕면 화성리 525
49	경상북도	안동향교	경북 안동시 서동문로167 유림회관
50	경상북도	연일향교	경북 포항시 남구 유동길48번길 5

51	경상북도	영덕향교	경북 영덕군 영덕읍 화개서길 15
52	경상북도	영양향교	경북 영양군 일월면 도계리 128
53	경상북도	영주향교	경북 영주시 원당로 163번길 10
54	경상북도	영천향교	경북 영천시 교촌길 34
55	경상북도	영해향교	경북 영덕군 영해면 성내리 408
56	경상북도	예안향교	경북 안동시 도산면 서부리 204-1
57	경상북도	예천향교	경북 예천군 예천읍 백전리 199-1
58	경상북도	용궁향교	경북 예천군 용궁면 향석리 266
59	경상북도	울진향교	경북 울진군 울진읍 향교로 34-13
60	경상북도	의성향교	경북 의성군 의성읍 도동리 810
61	경상북도	의흥향교	경북 군위군 의흥면 수서2길 50-3
62	경상북도	인동향교	경북 구미시 수출대로 333
63	경상북도	자인향교	경북 경산시 자인면 교촌길9길 14
64	경상북도	장기향교	경북 포항시 남구 장기면 읍내리 202
65	경상북도	지례향교	경북 김천시 지례면 교리
66	경상북도	진보향교	경북 청송군 진보면 광덕리 221-1
67	경상북도	청도향교	경북 청도군 화양읍 교촌리 48
68	경상북도	청송향교	경북 청송군 청송읍 월막리 251-3
69	경상북도	청하향교	경북 포항시 북구 청하로233번길 16-5
70	경상북도	평해향교	경북 울진군 평해읍 평해로82-26
71	경상북도	풍기향교	경북 영주시 풍기읍 교촌리 147-2
72	경상북도	하양향교	경북 경산시 하양읍 교리 158
73	경상북도	함창향교	경북 상주시 함창읍 무운로 1557-4
74	경상북도	흥해향교	경북 포항시 북구 흥해읍 동해대로 1530번길 1-3

8. 경상권 서원

번호	지역	명칭	주소
1	대구광역시	고산서원	대구광역시 수성구 성동로37길 39-3
2	대구광역시	구암서원	대구광역시 북구 연암공원로17길 2
3	대구광역시	구천서원	대구광역시 북구 구암로21길 41
4	대구광역시	낙동서원	대구광역시 달서구 송현로 7길 32
5	대구광역시	녹동서원	대구광역시 달성군 가창면 우록길 218
6	대구광역시	덕산서원	대구광역시 수성구 청호로 46길 5-3
7	대구광역시	도동서원	대구광역시 달성군 구지면 구지서로 726
8	대구광역시	독무재	대구광역시 수성구 화랑로42길 31
9	대구광역시	동산서원	대구광역시 동구 옻골로 195-5
10	대구광역시	매양서원	대구광역시 북구 매천로37길 48
11	대구광역시	백원서원	대구광역시 동구 도평로 51길 18
12	대구광역시	병암서원	대구광역시 달서구 새방로 21
13	대구광역시	서계서원	대구광역시 북구 호국로 51길 45-17
14	대구광역시	송담서원	대구광역시 달성군 구지면 구지서로 530-47
15	대구광역시	예연서원	대구광역시 달성군 유가면 구례길 123
16	대구광역시	오천서원	대구광역시 수성구 파동로2안길 20

17	대구광역시	용강서원	대구광역시 달서구 선원로 33길 101
18	대구광역시	용호서원	대구광역시 달성군 다사읍 서재본 4길 18-28
19	대구광역시	이양서원	대구광역시 달성군 현풍면 삼강3길 23
20	대구광역시	인흥서원	대구광역시 달성군 화원읍 인흥2길 26
21	대구광역시	청호서원	대구광역시 수성구 청호로 250-11
22	대구광역시	한천서원	대구광역시 달성군 가창면 가창동로 117
23	부산광역시	안락서원	부산광역시 동래구 충렬대로 345
24	울산광역시	구강서원	울산광역시 중구 서원11길 45
25	울산광역시	반구서원	울산광역시 울주군 언양읍 반구대안길 299
26	울산광역시	석계서원	울산광역시 울주군 웅촌면 대복동천로 160-12
27	울산광역시	용연서원	울산광역시 남구 이휴정길 20
28	울산광역시	치산서원	울산광역시 울주군 두동면 치술령길 7
29	울산광역시	학산서원	울산광역시 중구 신기16길 12
30	경상남도	가호서원	경상남도 진주시 이반성면 용암길 59-2
31	경상남도	갈천서원	경상남도 고성군 대가면갈천로 620
32	경상남도	관산서원	경상남도 창녕군 고암면 월미상월길 115
33	경상남도	광제서원	경상남도 진주시 명석면 광제산로 685번길 116
34	경상남도	광천서원	경상남도 밀양시 부북면 사포중앙1안길 7

35	경상남도	구계서원	경상남도 사천시 사천읍 구암두문로 361-17
36	경상남도	구니서원	경상남도창녕군고암면창밀로506-30
37	경상남도	구암서원	경상남도 창원시 마산회원구 구암북 4길 7-10
38	경상남도	구연서원	경상남도 거창군 위천면 은하리길 100
39	경상남도	구천서원	경상남도 김해시 상동면 상동로 274-12
40	경상남도	구천서원	경상남도 함양군 수동면 효리길 28
41	경상남도	국산서원	경상남도 고성군 동해면 외곡1길 151-44
42	경상남도	기동서원	경상남도 거창군 가조면 기리1길 17
43	경상남도	기양서원	경상남도 함안군 칠원면 무기1길 33
44	경상남도	낙산서원	경상남도 의령군 부림면 박진로 62-4
45	경상남도	남강서원	경상남도 함안군 군북면 소포5길 82
46	경상남도	남계서원	경상남도 밀양시 청도면 두곡3길 43-16
47	경상남도	남계서원	경상남도 함양군 수동면 남계서원길 8-11
48	경상남도	남악서원	경상남도 진주시 금곡면 죽곡길 102
49	경상남도	대각서원	경상남도 진주시 수곡면 대각길 104-21
50	경상남도	대포서원	경상남도 산청군 생초면 명지대포로 236번길 91
51	경상남도	덕곡서원	경상남도 의령군 의령읍벽화로 629-12
52	경상남도	덕남서원	경상남도 밀양시 초동면 초동로 398-13

53	경상남도	덕연서원	경상남도 밀양시 무안면 연상1길 31
54	경상남도	덕연서원	경상남도 함안군 칠원면 예용3길 12−2
55	경상남도	덕원서원	경상남도 합천군 청덕면 성태길 81
56	경상남도	덕천서원	경상남도 거창군 거창읍 장팔길 594
57	경상남도	덕천서원	경상남도 산청군 시천면 남명로 137
58	경상남도	도곡서원	경상남도함양군지곡면병곡지곡로859
59	경상남도	도봉서원	경상남도 창원시 의창구동 읍석산길 16번길 5−11
60	경상남도	도산서원	경상남도 고성군 구만면 화림3길 88
61	경상남도	도암서원	경상남도 함안군 군북면 대암2길 34
62	경상남도	도양서원	경상남도 산청군 신등면 내당길 7−21
63	경상남도	도연서원	경상남도 고성군 마암면 도전4길 152−39
64	경상남도	도천서원	경상남도 산청군 신안면 문익점로 34−32
65	경상남도	동산서원	경상남도 창녕군 이방로 565−5
66	경상남도	두곡서원	경상남도 창원시 마산회원구 두곡길 54
67	경상남도	물계서원	경상남도 창녕군 대지면 모산1길 109−36
68	경상남도	미양서원	경상남도 김해시 진영읍 진영로 430−16
69	경상남도	미연서원	경상남도 의령군 대의면모의로 323
70	경상남도	반곡서원	경상남도 거제시 거제면 동상3길 31−5

71	경상남도	배산서원	경상남도 산청군 단성면 배양길 16
72	경상남도	봉산서원	경상남도 산청군 생비량면 지리산대로4119번길 37-20
73	경상남도	상현서원	경상남도 양산시 동면 내송1길 22
74	경상남도	서계서원	경상남도 산청군 산청읍 덕우지길 51
75	경상남도	서산서원	경상남도 함안군 군북면 사군로 1235
76	경상남도	소계서원	경상남도 양산시 상북면 소토로 38
77	경상남도	소곡서원	경상남도 창녕군 고암면 우천길 111
78	경상남도	소노서원	경상남도 양산시 상북면 소노2길 13-27
79	경상남도	송담서원	경상남도 김해시 가야로 405번안길 22-9
80	경상남도	송담서원	경상남도 양산시 물금읍 가촌서2길 14-13
81	경상남도	송호서원	경상남도 함양군 병곡면 송호서원길 8
82	경상남도	수림서원	경상남도 고성군 마암면 화산4길 201-54
83	경상남도	신계서원	경상남도 의령군 부림면 미타로 26-5
84	경상남도	신계서원	경상남도 산청군 신안면 지리산대로 3833번길 3-16
85	경상남도	신남서원	경상남도 밀양시 무안면 판정로 125-13
86	경상남도	신산서원	경상남도 김해시 대동면 대동로 269번안길 115
87	경상남도	신암서원	경상남도 함안군 가야읍 신암로 209
88	경상남도	영빈서원	경상남도 거창군 남하면 무릉2길 34

89	경상남도	영승서원	경상남도 거창군 마리면 영승2길 26-46
90	경상남도	예동서원	경상남도 의령군 유곡면 마장로 226-14
91	경상남도	예림서원	경상남도 밀양시 부북면 예림서원로 128
92	경상남도	예암서원	경상남도 김해시 삼안로 112번길 36
93	경상남도	오례서원	경상남도 거창군 신원면 오례길 127-3
94	경상남도	오봉서원	경상남도 밀양시 초동면 오방길 9-12
95	경상남도	옥계서원	경상남도 합천군 봉산면 서부로 3078-15
96	경상남도	옥산서원	경상남도 하동군 옥종면 옥산서원길 61-7
97	경상남도	옥전서원	경상남도 합천군 쌍책면 황강옥전로1510-60
98	경상남도	완계서원	경상남도 산청군 신등면 신등가회로 114번길 61
99	경상남도	용산서원	경상남도 밀양시 멍에실로 117-4
100	경상남도	용안서원	경상남도 밀양시 무안면 내진1길 39-18
101	경상남도	용암서원	경상남도 합천군 삼가면 남명로 72-5
102	경상남도	용원서원	경상남도 거창군 가북면 어인길 41
103	경상남도	우계서원	경상남도 산청군 차황면 친환경로 3612번길 108
104	경상남도	운강서원	경상남도 진주시 금곡면 금곡로 197-24
105	경상남도	운구서원	경상남도 합천군 가회면 두심1길 51-50
106	경상남도	운암서원	경상남도 창원시 의창구 사화로 311

107	경상남도	월봉서원	경상남도 김해시 덕정로77번길 11-16
108	경상남도	위계서원	경상남도 고성군 마암면 석마2길 186
109	경상남도	의양서원	경상남도 의령군 유곡면 청정로16길 57-57
110	경상남도	인천서원	경상남도 하동군 북천면 중촌길 51-22
111	경상남도	저산서원	경상남도 창원시 의창구 대산면 유등로332번길 42-7
112	경상남도	정산서원	경상남도 함양군 지곡면 정취길 80-21
113	경상남도	종천서원	경상남도 하동군 옥종면 안계길 67-63
114	경상남도	증산서원	경상남도 창원시 마산회원구 내서읍 원계증산길 57-11
115	경상남도	첨두서원	경상남도 창원시 마산회원구 내서읍 삼계로 63
116	경상남도	청계서원	경상남도 진주시 남강로 626
117	경상남도	청계서원	경상남도 함양군 수동면 수동2길 74
118	경상남도	청계서원	경상남도 함안군 칠서면 청계1길 116-12
119	경상남도	청곡서원	경상남도 산청군 신안면 청현로99번길 32-19
120	경상남도	충현서원	경상남도 합천군 합천읍 내곡1길 121-12
121	경상남도	칠탄서원	경상남도 밀양시 단장면 활성로 313-1
122	경상남도	태암서원	경상남도 의령군 용덕면 덕암로 5길 5-13
123	경상남도	평천서원	경상남도 산청군 생초면 왕산로 433-13
124	경상남도	표충서원	경상남도 밀양시 단장면 표충로 1338

125	경상남도	학림서원	경상남도 거창군 위천면 황산2길 137
126	경상남도	혜산서원	경상남도 밀양시 산외면 다원1리길 17-18
127	경상남도	홍포서원	경상남도 함안군 칠서면 공단북안길 66
128	경상남도	화산서원	경상남도 함양군 수동면 수동내동길 7-12
129	경상남도	회원서원	경상남도 창원시 마산회원구 회원북23길 22
130	경상남도	효산서원	경상남도 산청군 차황면 신차로1480번길 7
131	경상북도	경산서원	경상북도 경주시 강동면 양동마을안길 55
132	경상북도	경양서원	경상북도 김천시 구성면 광명3길 105
133	경상북도	고산서원	경상북도 안동시 남후면 암산1길 53-1
134	경상북도	고천서원	경상북도 영천시 임고면 고천길 64-3
135	경상북도	곤산서원	경상북도 칠곡군 약목면 신유로 60
136	경상북도	관란서원	경상북도 경산시 용성면 서원천로 268-21
137	경상북도	광남서원	경상북도 포항시 남구 구룡포읍 정동길 77번길 11-2
138	경상북도	구강서원	경상북도 경주시 안강읍 구강길 68-6
139	경상북도	구계서원	경상북도 경산시 대학로 280 영남대학교내
140	경상북도	구고서원	경상북도 영주시 단산면 단산로121번길 23
141	경상북도	구만서원	경상북도 봉화군 봉화읍 구만서원길 5
142	경상북도	구산서원	경상북도 경주시 현곡면 구산서원길 71-12

143	경상북도	구양서원	경상북도 봉화군 봉화읍 산정길 202-17
144	경상북도	귀산서원	경상북도 경주시 현곡면 구산서원길 71-12
145	경상북도	귀천서원	경상북도영천시신령면치산관광길185-10
146	경상북도	근성서원	경상북도 안동시 일직면 긴대골길 10
147	경상북도	근암서원	경상북도 문경시 산북면 금천로 351-5
148	경상북도	금곡서원	경상북도 예천군 용문면 금당실길 170-11
149	경상북도	금산서원	경상북도 의성군 봉양면 도리원 2길 88-80
150	경상북도	금산서원	경상북도 포항시 남구 장기면 신창길 191번길 25-12
151	경상북도	금오서원	경상북도 구미시 선산읍 유학길 593-31
152	경상북도	금호서원	경상북도 경산시 하양읍 가마실길 2길32-1
153	경상북도	금호서원	경상북도 청도군 이서면 삼성산길 106-58
154	경상북도	기양서원	경상북도 안동시 임동면 수곡용계로 1698
155	경상북도	기천서원	경상북도 예천군 용궁면 나산길 35-9
156	경상북도	나곡서원	경상북도 포항시 남구 구룡포읍 호미로 3
157	경상북도	낙봉서원	경상북도 구미시 해평면 낙성1길 84-7
158	경상북도	낙암서원	경상북도 상주시 중동면 대바위길 183-13
159	경상북도	남강서원	경상북도 청도군 각북면 남산1길 62
160	경상북도	남계서원	경상북도 군위군 군위읍 대북길 9

161	경상북도	남곡서원	경상북도 군위군 우보면 미성3길 66-8
162	경상북도	남호서원	경상북도 경산시 하양읍 남하새마을길 5길 59-13
163	경상북도	노강서원	경상북도 고령군 다산면 다산로 92
164	경상북도	노계서원	경상북도 영주시 봉현면 노좌로29번길 28
165	경상북도	노동서원	경상북도 울진군 기성면 황보길 274-78
166	경상북도	노봉서원	경상북도 예천군 호명면 내신2길 301
167	경상북도	대천서원	경산북도 영천시 화남면 대천2길 18
168	경상북도	덕림서원	경상북도 포항시 남구 장기면 읍내길13번길 47
169	경상북도	덕산서원	경상북도 영주시 부석면 감산길 46번길 13-5
170	경상북도	덕암서원	경상북도 성주군 월항면 유월3길 29-72
171	경상북도	덕천서원	경상북도 성주군 수륜면 수륜2길 14-9
172	경상북도	도계서원	경상북도 봉화군 봉화읍 사제길 12
173	경상북도	도계서원	경상북도 안동시 북후면 모산미길 16-6
174	경상북도	도계서원	경상북도 영천시 북안면 신평탑골길 93-59
175	경상북도	도남서원	경상북도 상주시 도남2길 91
176	경상북도	도산서원	경상북도 안동시 도산면 도산서원길 154
177	경상북도	도안서원	경상북도 상주시 화동면 판곡1길 37
178	경상북도	도암서원	경상북도 고령군 쌍림면 칠등길 138

179	경상북도	도잠서원	경상북도 영천시 대창면 영지길 399
180	경상북도	도정서원	경상북도 예천군 호명면 강변로 417
181	경상북도	도천서원	경상북도 경산시 진량읍진성로 77
182	경상북도	동강서원	경상북도 경주시 강동면 유금강정길 40-25
183	경상북도	동락서원	경상북도 구미시 수출대로 327-13
184	경상북도	동산서원	경상북도 경산시 남천면 남천로 780-15
185	경상북도	동산서원	경상북도 안동시 민속촌길 190
186	경상북도	매림서원	경상북도 고령군 쌍림면 송림2길 54-7
187	경상북도	명계서원	경상북도 울진군 기성면 명계서원길 188-7
188	경상북도	명곡서원	경상북도 의성군 가음면 명곡서원길 12
189	경상북도	명호서원	경상북도 안동시 옹정골길 46-3
190	경상북도	무원서원	경상북도 영천시 신녕면 치산효령로 152-26
191	경상북도	묵계서원	경상북도 안동시 길안면 국만리길 72
192	경상북도	문곡서원	경상북도 성주군 초전면 월곡2길 15
193	경상북도	문산서원	경상북도 구미시 선산읍 유학길 334-32
194	경상북도	반암서원	경상북도 고령군 덕곡면 원앞길 7
195	경상북도	백산서원	경상북도 영주시 단산면 단산로115번길 37
196	경상북도	벽계서원	경상북도 안동시 북후면 벽절길 21-3

197	경상북도	병산서원	경상북도 안동시 풍천면 병산길 386
198	경상북도	병암서원	경상북도 청송군 청송읍 월막3길 18
199	경상북도	봉강서원	경상북도 군위군 우보면 화계봉산길 795
200	경상북도	봉강서원	경상북도 상주시 신봉1길 28
201	경상북도	봉덕서원	경상북도 포항시 남구 장기면 방산로407번길 44
202	경상북도	봉산서원	경상북도 상주시 화서면 금산1길 16
203	경상북도	봉암서원	경상북도 안동시 풍산읍 새터길25-62
204	경상북도	봉양서원	경상북도 고령군 우곡면 봉산길76
205	경상북도	봉양서원	경상북도 청도군 풍각면 봉기1길
206	경상북도	북산서원	경상북도 군위군 군위읍 대북길 211-1
207	경상북도	분강서원	경상북도 안동시 도산면 가송길 162-168
208	경상북도	사빈서원	경상북도 안동시 임하면 천전광산길 53
209	경상북도	사양서원	경상북도 청송군 파천면 중평병부길 50-81
210	경상북도	사양서원	경상북도 칠곡군 지천면 신동서원길 10-10
211	경상북도	삼계서원	경상북도 봉화군 봉화읍 생기마1길 24
212	경상북도	삼명서원	경상북도 포항시 남구 장기면 신창길 87번길 47
213	경상북도	서산서원	경상북도 안동시 일직면 원골1길 15
214	경상북도	서산서원	경상북도 포항시 남구 장기면 산서길 98

215	경상북도	서악서원	경상북도 경주시 서악2길 23
216	경상북도	석강서원	경상북도 청도군 풍각면 흑석1길19
217	경상북도	선암서원	경상북도 청도군 금천면 선암로 455-27
218	경상북도	섬계서원	경상북도 김천시 대덕면 조룡길 512-5
219	경상북도	소수서원	경상북도 영주시 순흥면 소백로 2740
220	경상북도	소암서원	경상북도 칠곡군 기산면 지산로 807-11
221	경상북도	소양서원	경상북도 문경시 가은읍 소양서원길8
222	경상북도	소천서원	경상북도 예천군 용궁면 외무길 30-24
223	경상북도	송곡서원	경상북도 영천시 청통면 애련길 174
224	경상북도	송록서원	경상북도 봉화군 봉화읍 봉화로 1001-28
225	경상북도	송학서원	경상북도 청송군 안덕면 석정길 53
226	경상북도	송호서원	경상북도 군위군 군위읍 외량1길 56
227	경상북도	신천서원	경상북도 예천군 예천읍 왕신1리길 151
228	경상북도	안산서원	경상북도 포항시 남구 장기면 방산로 409-26
229	경상북도	암포서원	경상북도 성주군 월항면 안포길 89
230	경상북도	양산서원	경상북도 군위군 부계면 남산4길 32
231	경상북도	양천서원	경상북도 군위군 군위읍 내외량길 243-55
232	경상북도	역동서원	경상북도 안동시 경동로 1375 안동대학교내

233	경상북도	연계서원	경상북도 영천시 신녕면 연정큰길 67
234	경상북도	오계서원	경상북도 영주시 평은면 천상로 630번길 147-19
235	경상북도	오천서원	경상북도 포항시 남구 오천읍 서원재로166번길 32-47
236	경상북도	옥동서원	경상북도 상주시 모동면 수봉2길 29
237	경상북도	옥산서원	경상북도 경주시 안강읍 옥산서원길 216-27
238	경상북도	옥성서원	경상북도 상주시외남면 옥성수자동길 40-11
239	경상북도	옥천서원	경상북도 성주군 용암면 대봉5길 33
240	경상북도	옥천서원	경상북도 예천군 감천면 덕율1길 15-21
241	경상북도	완담서원	경상북도 예천군 지보면 마산길 313
242	경상북도	용강서원	경상북도 안동시 용상동숲쟁이길 23-3
243	경상북도	용강서원	경상북도 청도군 이서면 모산길 45-4
244	경상북도	용계서원	경상북도 경산시 자인면 원당길12길 24
245	경상북도	용계서원	경상북도 영천시 자양면 원각길 45-4
246	경상북도	용산서원	경상북도 경산시 용성면 곡란1길 19-15
247	경상북도	용산서원	경상북도 경주시 내남면 포석로 110-34
248	경상북도	우곡서원	경상북도 의성군 의성읍 북부길 355-22
249	경상북도	운곡서원	경상북도 경주시 강동면 사라길 79-19
250	경상북도	운양서원	경상북도 성주군 벽진면 운정길 167
251	경상북도	원계서원	경상북도 경산시 와촌면 계전길 95-10

252	경상북도	원계서원	경상북도 김천시 음지마길 34
253	경상북도	월계서원	경상북도 울진군 울진읍 고성3길 31-68
254	경상북도	유암서원	경상북도 안동시 와룡면 주하리
255	경상북도	율리서원	경상북도 고령군 덕곡면 덕운로 740
256	경상북도	율산서원	경상북도 경산시 진량읍 금박로 549
257	경상북도	의산서원	경상북도 문경시 산양면 의산길 20-11
258	경상북도	임고서원	경상북도 영천시 임고면 포은로 447
259	경상북도	임천서원	경상북도 안동시 호암2길 33
260	경상북도	임호서원	경상북도 경산시 하양읍 탑소길 28-1
261	경상북도	임호서원	경상북도 상주시 함창읍 신흥2길 2-37
262	경상북도	임호서원	경상북도 안동시 임하면 임하길 305
263	경상북도	임호서원	경상북도 청도군 금천면 명포길 294-5
264	경상북도	입암서원	경상북도 포항시 북구 죽장로 87
265	경상북도	자계서원	경상북도 청도군 이서면 서원길 62-2
266	경상북도	장산서원	경상북도 경주시 안강읍 옥산서원길 377-2
267	경상북도	장천서원	경상북도 상주시 낙동면 양진당길 59-15
268	경상북도	조곡서원	경상북도 경산시 남산면 성산로 262
269	경상북도	지산서원	경상북도 청도군 이서면 신촌길 156-4
270	경상북도	차산서원	경상북도 청도군 풍각면 석통차산길 44-6
271	경상북도	창대서원	경상북도 영천시 창대서원1길 9-18

272	경상북도	창렬서원	경상북도 안동시 서후면 교리평촌길 6-33
273	경상북도	청성서원	경상북도 안동시 풍산읍 웃막실길 10
274	경상북도	청암서원	경상북도 상주시 공검면 예주3길 29-32
275	경상북도	청천서원	경상북도 성주군 대가면 칠봉2길 66-7
276	경상북도	춘천서원	경상북도 김천시 부항면 부항로 1453-12
277	경상북도	타양서원	경상북도 안동시 일직면 조탑본길 55-11
278	경상북도	학남서원	경상북도 청도군 각남면 구곡길 125-1
279	경상북도	학삼서원	경상북도 포항시 남구 장기면 학삼길 51-3
280	경상북도	현암서원	경상북도 구미시 수출대로 23길 38
281	경상북도	화계서원	경상북도군 위군 금양3길 13-3
282	경상북도	화산서원	경상북도 의성군 단촌면 수일상길 23
283	경상북도	화천서원	경상북도 안동시 풍천면 광덕솔밭길 72
284	경상북도	황강서원	경상북도 청도군 금천면 삼성길 28
285	경상북도	회연서원	경상북도 성주군 수륜면 동강한강로 9
286	경상북도	횡계서원	경상북도 영천시 화북면 별빛로 106
287	경상북도	효곡서원	경상북도 상주시 공성면 용신2길 51-24
288	경상북도	훈령서원	경상북도 청도군 이서면 신촌길 110-27
289	경상북도	흥암서원	경상북도 상주시 연원1길 34

9. 강원권 향교

번호	지역	명칭	주소
1	강원도	간성향교	강원도 고성군 간성읍 진부령로 2659
2	강원도	강릉향교	강원도 강릉시 명륜로 29
3	강원도	동해향교	강원도 동해시 승지로 84-3
4	강원도	삼척향교	강원도 삼척시 향교길 34
5	강원도	양구향교	강원도 양구군 양구읍 관공서로 16번로 5-4
6	강원도	양양향교	강원도 양양군 양양읍 임천리 가미천로 52-20
7	강원도	영월향교	강원도 영월군 영월읍 영월향교길 64 영
8	강원도	원주향교	강원도 원주시 향교길 37-1
9	강원도	인제향교	강원도 인제군 인제읍 인제로 231번길 14
10	강원도	정선향교	강원도 정선군 정선읍 비봉로 67-9
11	강원도	철원향교	강원도 철원군 철원읍 금학로 591
12	강원도	춘천향교	강원도 춘천시 향교앞길 4
13	강원도	평창향교	강원도 평창군 평창읍 향교길 148
14	강원도	홍천향교	강원도 홍천군 홍천읍 석화로 101-14
15	강원도	화천향교	강원도 화천군 화천읍 상승로1길 48-16
16	강원도	횡성향교	강원도 횡성군 횡성읍 읍상리 128

10. 강원권 서원

번호	지역	명칭	주소
1	강원도	노동서원	강원도 홍천군 서면 팔봉산로 1207-34
2	강원도	산양서원	강원도 삼척시 원덕읍 산양서원1길 24
3	강원도	송담서원	강원도 강릉시 강동면 송담서원길 27-5
4	강원도	오봉서원	강원도 강릉시 성산면 오봉서원길 28-7
5	강원도	오죽헌	강원도 강릉시 율곡로 3139번길 24
6	강원도	용산서원	강원도 동해시 효자로 583
7	강원도	창절서원	강원도 영월군 영월읍 단종로 60
8	강원도	충렬서원	강원도 철원군 김화읍 생창길 603
9	강원도	한천서원	강원도 동해시 항골2길 13

11. 제주권 향교

번호	지역	명칭	주소
1	제주도	제주향교	제주도 제주시 용담1동 298-1
2	제주도	대정향교	제주도 서귀포시 안덕면 사계리 3126-1
3	제주도	정의향교	제주도 서귀포시 표선면 성읍서문로 14

저자
소개

▌ 방미영

서경대학교 광고홍보콘텐츠학과 교수이자 MZ세대가 중심이 되어 디지털 콘텐츠를 개발하는 <청년문화콘텐츠기획단> 운영위원장을 맡고 있다. 추계 예술대학교 문화예술학과에서 박사학위를 받았으며, 사단법인 한국전자출판 학회 회장, 글로벌문화콘텐츠학회 부회장을 역임했다. 경기연구원·한국농어 촌연구원 위촉연구원 및 한국간행물윤리위원회 외국간행물 심의위원, 농림 부 국가중요농업유산심의위원, 한국관광공사 홍보대사, 게임물등급위원회 자 문위원 등 다양한 활동을 하였다.

월간 <언론과비평> 외 문화부 기자 및 KBS 교양제작국에서 <문화가 산책>, <차한잔을 나누며>, <전국은 지금>, <생방송큐> 등 많은 프로 그램에서 방송작가로 활동했으며, e문화예술교육연구원 원장, 드림엔터기획 대표, 도서출판 드림엔터 대표를 역임하였다.

현재는 콘텐츠문화학회 부회장, 한국농식품6차산업학회 부회장을 맡고 있 으며, 성균관 "향교.서원 문화관광프로그램" 컨설턴트, (재)한국의 서원 통 합보존관리단 자문위원 및 도시재생을 위한 지역문화, 브랜드스토리텔링, 문 화마케팅 분야의 연구 및 현장에서 개발에 주력하고 있다.

주요 저서로는 『2024 검색광고마케터 1급』(2024), 『2024 SNS 광 고마케터 1급』(2024), 『SNS광고마케터 1급 초단기완성』(2023), 『디 지털독서와 트랜스리터러시』(2021), 『우리 땅 독도 그리고 일본군 위안 부』(2015), 『나의 경쟁력』(2010), 『반대가 성공한 역사』(2010), 『잎들도 이별을 한다』(2000) 등이 있다.

문화관광콘텐츠와 향교·서원

ⓒ **방미영** 2024

2024년 11월 20일 초판 1쇄 인쇄
2024년 11월 25일 초판 1쇄 발행

지은이: 방미영
펴낸이: 안우리
펴낸곳: 스토리하우스
등록: 제324-2011-000035호
주소: 서울시 강동구 천중로 194, 4층
전화: 02-3673-4986
팩스: 02-6021-4986
이메일: whayeo@gmail.com
ISBN: 979-11-85006-35-2 (03300)

값: 15,800원